세상을 바꾸는 **아름다운 부자 이야기 07**
마쓰시타 고노스케

세상을 바꾸는 아름다운 부자 이야기 07
마쓰시타 고노스케

기획 · 손영운
글 · 김영훈
그림 · 현광영

펴낸이 · 조승식
책임편집 · 이혜원
편집 · 박진희, 조슬지, 이수정, 박예슬, 이경남
제작 · 이승한
마케팅 · 김동준, 변재식, 임종우, 이상기
관리 · 박종환
펴낸곳 · BH balance & harmony
등록 · 제22-457호
주소 · 01043 서울 강북구 한천로 153길 17
홈페이지 · www.bookshill.com
전자우편 · bookshill@bookshill.com
전화 · (02)994-0071
팩스 · (02)994-0073

2019년 1월 20일 1판 1쇄 인쇄
2019년 1월 25일 1판 1쇄 발행

값 12,000원
ISBN 979-11-5971-184-8
       978-89-5526-936-9(세트)

BH balance & harmony는 (주)도서출판 북스힐의 그래픽노블 임프린트입니다.
* 잘못된 책은 구입하신 서점에서 바꿔 드립니다.
이 책의 수익금 일부는 어려운 이웃을 돕는 단체에 기부됩니다.

마쓰시타 고노스케

기획 손영운
글 김영훈 | 그림 현광영

BH balance harmony

기획자 글

멋진 부자가 되기를 바라며

우리는 부자를 꿈꿉니다. 좋은 동네에 있는 으리으리한 집에서, 남들이 부러워하는 멋진 차를 타고, 또 원하는 명품은 뭐든 살 수 있는 돈 많은 부자가 되었으면 좋겠습니다. 그래서 돈 많이 버는 직업을 갖고 싶고, 유명한 사람이 되었으면 좋겠고, 하는 일은 무엇이든 '대박'이 터졌으면 좋겠습니다.

그런데 이런 우리의 생각을 뛰어넘어 '더 멋진 삶'을 사는 부자들이 있습니다. 그들은 내가 가진 것으로 우리 가족 몇 명이 아니라 세상의 아주 많은 사람들을 행복하게 할 수 있다고 믿는 사람들입니다. 대표적인 사람이 빌 게이츠입니다.

빌 게이츠는 먼저 자신이 하는 일을 이용해서 학교와 도서관에 컴퓨터를 무료로 나누어 주었습니다. 그리고 아프리카 어린이들이, 손쉽게 구할 수 있는 약을 구하지 못해 속수무책으로 죽어 가는 것을 본 후에는 그 아이들을 위해 엄청난 돈을 내놓았습니다. 덕분에 아프리카 아이들이 목숨을 건지고 미래를 꿈꿀 수 있게 되었습니다. 그는 1994년 한 잡지사와의 인터뷰에서, 많은 재산을 자녀들에게 남기는 것은 정신 건강에 해롭다면서, 번 돈의 95%를 사회에 내놓겠다고 약속하기도 했습니다. 한 사람의 부자가 어떤 마음을 먹느냐에 따라 아주 많은 사람들의 삶이 바뀌고, 진정한 부자란 이렇게 멋지게 세상에 영향을 끼치는 사람이구나 하고 전 세계가 놀라고 감동했습니다.

"세상을 바꾸는 아름다운 부자 이야기"는 우리가 본받고 싶은 '진짜' 부자들의 삶을 그린 만화입니다. 그들이 꿈을 이루기 위해 어떻게 어려움을 이겨내고 또 어떤 노력을 기울였는지를 볼 수 있습니다. 그리고 부자가 되는 것도 힘들지만, 피땀 흘려 번 돈을 사회나 이웃을 위해 쓰기는 더더욱 어려운 일입니다. 우리는 그들이 왜 힘들게 번 돈을 다른 사람을 위해 아낌없이 내놓았는지, 각 사람의 이유도 들을 수 있습니다.

석유왕 록펠러는 이런 말을 했습니다. "나는 신으로부터 돈을 벌 수 있는 재능을 받았기 때문에 돈을 버는 것은 내 의무이며, 더 많은 돈을 주위 사람들에게 양심이 시키는 대로 써야 한다."

이 책을 읽는 여러분도 꿈을 꾸고 그것을 이루기 위해 꾸준히 노력할 수 있다면, 이미 부자가 될 수 있는 재능을 받은 것이라고 저는 믿습니다. 그런 여러분이 이 책의 주인공들처럼 열심히 살며 주위 사람들에게 양심이 명하는 대로 나눌 수 있는 진짜 멋진 부자가 되기를 바라 봅니다.

기획자 손영운

★ 이 책의 이야기는 사실을 바탕으로 각색되었음을 밝힙니다.

차례

첫 번째 이야기 ...8
경영의 신(神), 마쓰시타 고노스케!

두 번째 이야기 ...24
울보가 된 어린 시절

☀ 남다른 생각으로 새로운 시장을 개척하다! ...44

세 번째 이야기 ...48
일하는 자세가 기회를 만든다!

네 번째 이야기 ...72
순수한 마음에 길이 있다!

☀ 마쓰시타 전기의 눈부신 성장 ...92

다섯 번째 이야기 ...94
일은 놓쳐도 사람은 놓치지 마라!

여섯 번째 이야기 ...110
수도 철학의 정신

☀ 세계로 우뚝 선 마쓰시타 전기 ...126

일곱 번째 이야기 ...128
세상을 바꾸는 힘

여덟 번째 이야기 ...150
물건이 아니라 믿음을 팔아라!

☀ 조직을 디자인한 판매의 신 ...170

아홉 번째 이야기 ...174
눈물의 아타미 회의

열 번째 이야기 ...194
현재보다 미래를 위한 길

☀ 마쓰시타가 제시한 새로운 모델 ...216
☀ 되짚어 보고 생각해 보고 ...218
☀ 마쓰시타 고노스케 연보 ...220

첫 번째 이야기
경영의 신(神), 마쓰시타 고노스케!

경영은 단순한 돈벌이가 아니라 사람들이 행복하도록 돕는 가치 있는 종합 예술이다.

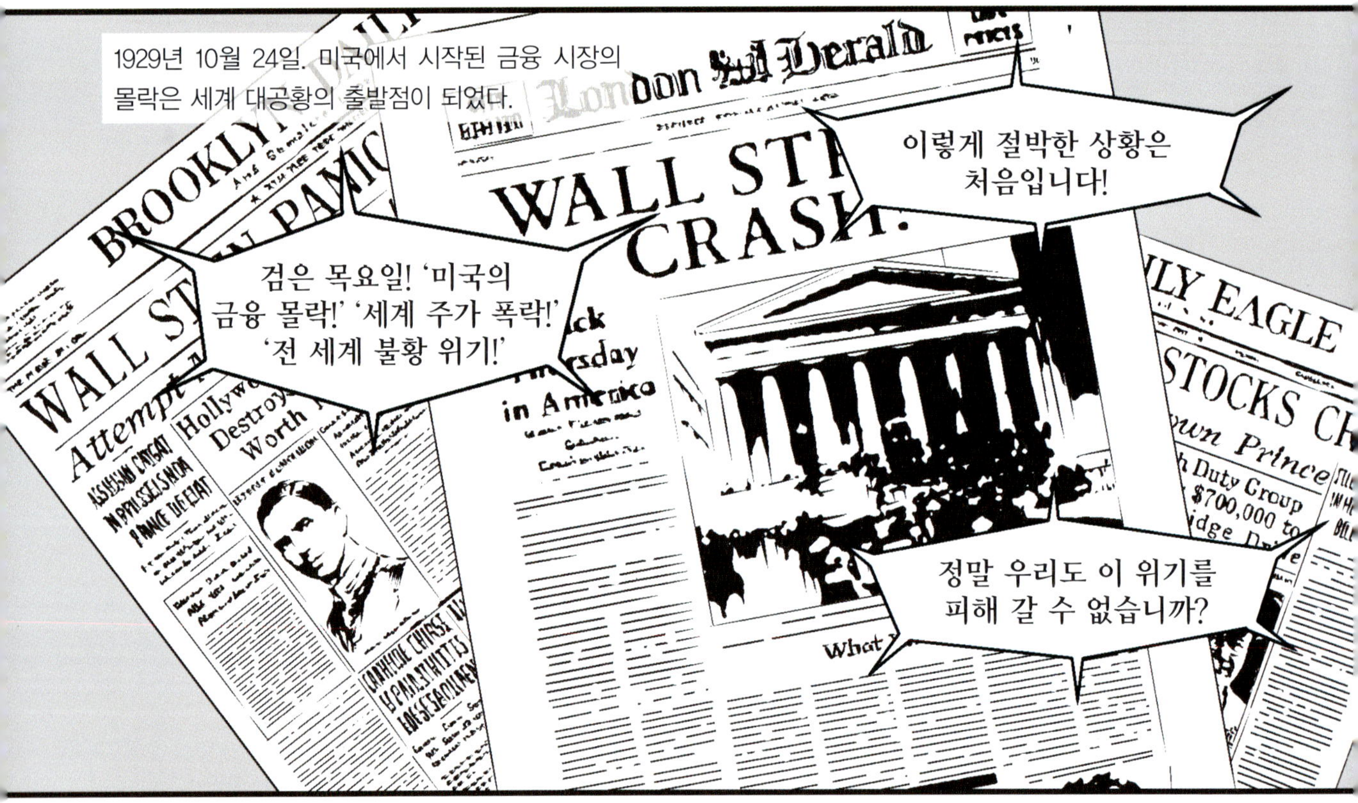

1929년 10월 24일. 미국에서 시작된 금융 시장의 몰락은 세계 대공황의 출발점이 되었다.

"이렇게 절박한 상황은 처음입니다!"

"검은 목요일! '미국의 금융 몰락!' '세계 주가 폭락!' '전 세계 불황 위기!'"

"정말 우리도 이 위기를 피해 갈 수 없습니까?"

세계 대공황

공황이란 엄청난 혼란 상태를 말한다. 세계 대공황은 미국 뉴욕의 주식 시장이 크게 폭락하면서 전 세계로 퍼져 나간 경제적인 대혼란 상태를 말한다. 공황이 시작된 미국에서는 1년 동안 2,300여 개의 은행이 문을 닫았고, 매주 6만 4,000여 명이 일자리를 잃으면서, 3년 사이에 실업자는 1,600만 명에 이르렀다. 그 때문에 미국과 돈거래를 하던, 유럽을 포함한 전 세계의 경제가 빠르게 추락하며 큰 혼란에 휩싸였다. 일본 역시 경제가 발전하지 못하고 제자리에 머물러, 여러 기업은 직원을 내보내 기업을 유지해 나갔다. 하지만 마쓰시타는 직원을 줄이기보다 사업부제를 도입하고, 주5일제를 실시하는 등 앞선 경영 방식을 선택했다.

엔(¥)
일본 화폐 단위. 당시 1만 엔이면 작은 집 열 채를 살 만한 가치이며, 수치상 한국 돈인 원과는 15배 정도 차이가 났다. 즉, 당시 1만 엔은 한화 15만 원의 가치였다.

구조 조정
기업에서 사업과 조직을 더욱 효율적으로 만드는 작업으로, 흔히 이익이 없는 사업은 버리고, 잘되는 사업을 키우려고 회사 경영을 새롭게 바꾸는 데 목적이 있다. 나중에 생긴 말이지만 이야기 편의상 사용하였다.

마쓰시타 사장님이 오십니다!

갑자기 회사에서 쫓겨나면 먹고살 길이 막막해집니다.

살려 주십쇼, 사장님! 학교 다니는 자식이 3명이나 됩니다.

평생을 회사를 위해 몸 바쳐 일했습니다! 하루아침에 쫓겨나면 우리 가족은 어찌합니까!

제발 쫓아내지만 말아 주십시오, 사장님!

…!

일어나세요. 우리가 걱정해야 할 건, 누가 잘리고가 아니라 희망을 포기하는 거예요!

네?

…?

1962년 2월 호 미국 〈타임〉 지, 올해의 인물

"일본이 낳은 경영의 신, 마쓰시타 고노스케! 그는 과연 어떤 인물일까?"

철학적 명제는 대부분 그리스 철학 속에 포함되어 있다. 그런데 기업 명제는 대부분 마쓰시타 고노스케라는 불세출의 경영자가 이미 발견했을지도 모른다.

이노우에 다다시(도쿄 대학 명예교수)

마쓰시타 고노스케는 일찍이 미국 〈타임〉 지 '올해의 인물'에 오르며 그 명성을 알렸다. 〈타임〉 지는 1923년에 창간되어 미국 전역과 전 세계를 관통하며 오늘날까지 막대한 영향력을 끼치는 미국의 대표적인 시사 주간지이다.

두 번째 이야기

울보가 된 어린 시절

1894년 11월. 일본 오사카 와카야마 현 가이소 군 와사무라 마을.

마쓰시타 고노스케는 열 식구가 오순도순 모여 사는 부잣집의 3남 5녀 중 막내로 태어났다.

마쓰시타의 집안은 지역에서 대대로 존경받아 왔고, 아버지는 지방 의원을 지낼 만큼 부유했다.

어린 마쓰시타는 유모 등에 업혀 강으로 언덕으로 놀러 나가며 부족한 것 없는 나날을 보냈다.

아찌, 안녕!

오냐! 우리 고노스케도 센다의 소나무처럼 무럭무럭 커야지.

허허, 녀석! 네가 세상에서 제일 행복하구나, 하하!

센다[千モ]의 소나무

마쓰시타 집 안뜰에 있던 노송(늙은 소나무)을 부르던 이름으로, 원래 25미터짜리 나무가 벼락을 맞기도 하고 불에 타기도 해서 지금은 5미터 정도만 남아 있다. '센다'는 '센단노키(제사를 지내던 나무 제단)'에서 나온 말로, 마쓰시타 집안뿐만 아니라 마을 전체를 상징하던 소나무이기도 했다. 마쓰시타라는 성씨는 한자어로 송하(松下)로, '소나무 아래'라는 뜻이다.

미두 선물 거래
미두란, 아직 농사를 짓지 않은 쌀과 곡식(미곡)을 봄에 미리 계산해 두었다가, 가을에 추수할 때 가격이 오르면 이득을 남겨 되파는 것이다. 그러나 농사가 잘되어 쌀이 많아지면 가격이 떨어지고 그만큼 손해를 보기 때문에, 매우 위험하다. 1897년에 일본에서는 농사가 안 되어 1898년에 쌀 가격이 크게 올랐으나, 1899년에는 33퍼센트나 값이 떨어졌다. 마쓰시타의 아버지는 이때 큰돈을 걸었다가 전 재산을 잃고 말았다.

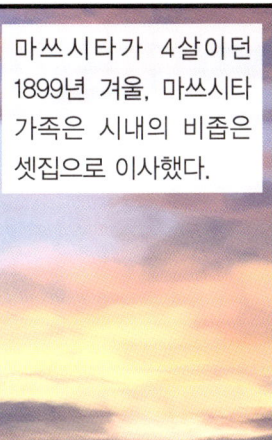

일본에 불어닥친 근대적 제도 열풍
이 시기는 청일 전쟁이 막 끝났을 때였다. 일본은 수천 년 동안 머리를 조아렸던 중국과 전쟁을 벌여 승리했고, 이런 승리가 서양 문물을 받아들인 개화 때문이라고 여겼다. 그 때문에 일본 곳곳에서는 더욱더 서양 문물을 받아들이려는 열풍이 불어닥쳤고, 미곡 거래소와 같은 서양의 근대적 회사와 자본주의 제도를 받아들이는 데 한창이었다.

> **소학교**
> 당시 일본에서는 4년제인 소학교(초등학교)만이 의무 교육이었다. 소학교를 졸업하면 가정 형편이 좋은 아이들만 2년제 고등 소학교를 다녔고, 그 뒤에는 5년제 구제 중학이나 고등 여학교에 들어갔다. 가정 형편이 어려운 아이들은 대부분 고등 소학교를 가지 못해, 빈부 격차에 따라 학력 차이도 분명하게 나타났다.

맹아원
앞을 보지 못하는 시각 장애인을 위해 지어진 교육원이다.

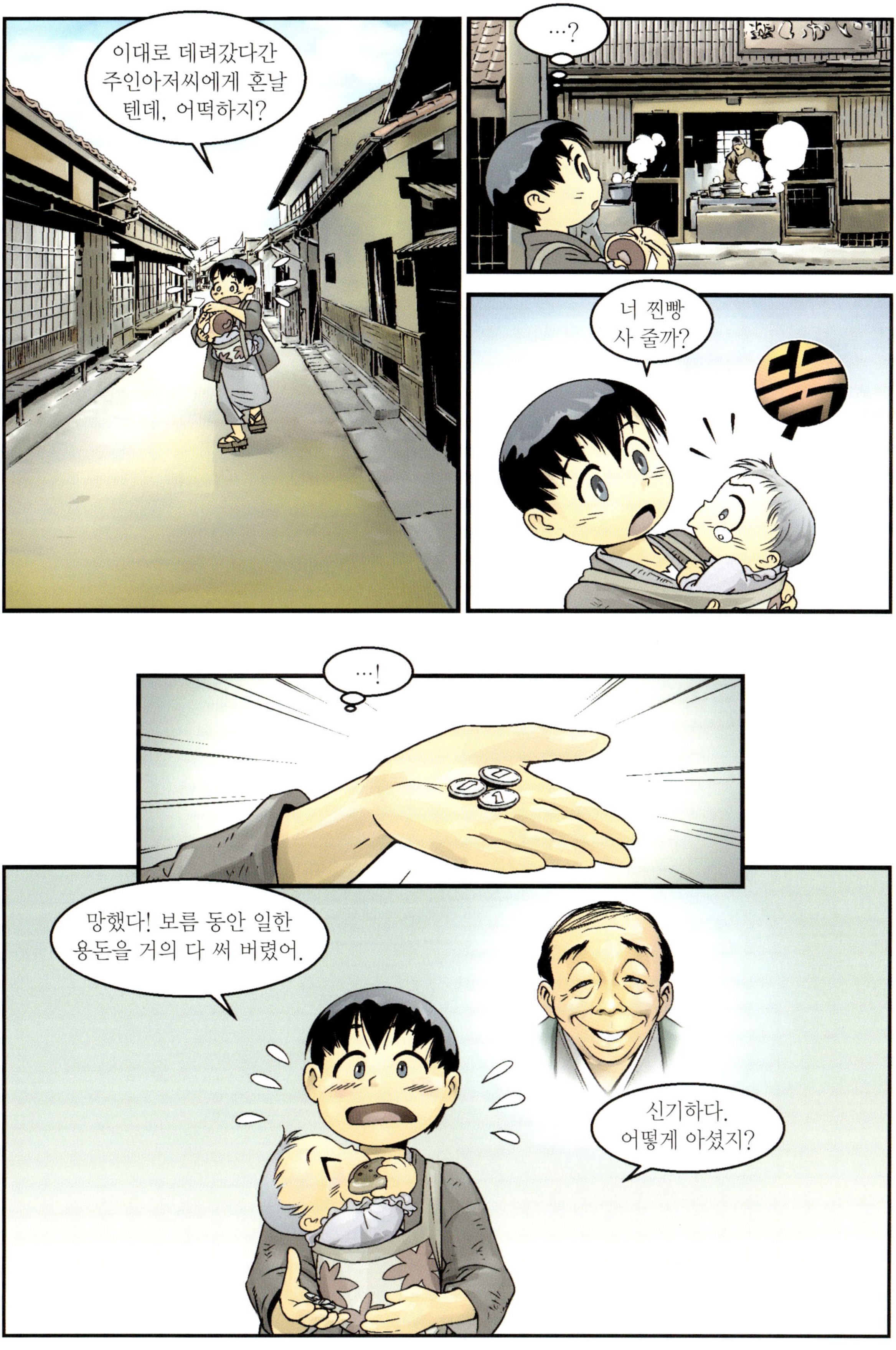

일본에서의 자전거

일본에 자전거가 등장한 것은 1890년 이후였다. 그러나 고무 타이어가 개발된 1897년 이후가 돼서야 본격적인 교통수단이 되었고, 1906년에 이르러서는 12만 대 정도가 보급됐으며, 그 뒤 5년 만인 1911년에는 30만 대 정도로 빠르게 늘어났다. 따라서 1906년 이전에는 레저 용품이었다가, 일본이 러일 전쟁에서 이기고 제조 공업이 본격적으로 발달하면서 일반인이 사용하는 실용품이 되었다.

그 뒤, 큰누나가 결혼하자, 살길이 막막해진 어머니는 막내딸을 데리고 재혼하려고 떠났다.

남다른 생각으로 새로운 시장을 개척하다!

개량 소켓 개발

1613년 어머니가 57살의 나이로 세상을 떠난 뒤, 마쓰시타는 누나의 중매로 1915년 이우에 무메노와 결혼했어요. 2년 뒤 마쓰시타는 검사원으로 승진했는데, 그동안 무리하게 일했기 때문인지 건강이 나빠져 의사가 반년쯤 쉬라고 했어요. 하지만 마쓰시타는 이를 무시한 채 5시간 정도만 일하고 나머지 시간을 전기 기구 연구에 몰두했어요. 드디어 "개량 소켓"을 개발해 상사에게 보여 주니 전혀 관심을 보이지 않아, 마쓰시타는 무척 속상했어요. 훗날 마쓰시타는 개량 소켓의 중대한 결함을 발견했다고 해요.

전구 소켓 판매 실패

마쓰시타는 스물두 살이던 1917년 6월 오사카 전등을 그만두고 독립을 결심해, 오사카의 셋집을 개조해 살림집 겸 공장으로 사용했어요. 아내 무메노와 처남 이우에 도시오, 오사카 시절 동료인 모리타 엔지로와 하야시 이산로와 함께 전구 소켓을 만들기 시작했지요. 하지만 이 전구 소켓을 도매상들이 거들떠보지도 않았어요. 마쓰시타는 판매와 시장의 중요성을 새삼 깨달았어요. 현실적으로 공장을 계속 운영하는 것이 불가능해 두 동료마저 떠나보냈어요.

마쓰시타 전기 창업

선풍기 제조 공장인 가와키타 전기가 마쓰시타에게 선풍기 바닥 판을 1천 개 주문한 데 이어, 2천 개를 추가 주문했어요. 이로써 자금을 마련하자, 마쓰시타는 회사 이름을 "마쓰시타 전기 기구 제작소"로 정하고, 또다시 소켓 개발에 전념해 "어태치먼트 플러그"를 만드는 데 성공했어요. 기존 소켓보다 사용하기 편하게 개량하고, 값도 싸고, 모양도 새로워, 도매상들의 평이 좋고, 주문이 계속 들어왔어요. 그 뒤 "2등용 삽입"도 개량해 좋은 평을 받았어요.

여기서 잠깐! 오사카 전차

일제 강점기 보신각 앞을 지나는 서울 전차

전차는 지하철처럼 전기로 다니는 기차로, 땅속이 아니라 땅 위로 다녀요. 우리나라에도 예전에 전차가 있었어요. 그런데 점점 차들이 많아지면서 전차 때문에 길이 자주 막혀 없애 버렸어요. 사실 전차는 좋은 점이 더 많아요. 자동차는 석유를 써서 배기가스가 많이 나와 공기를 더럽혀요. 하지만 전차는 전기로 가니까 그럴 일이 없어요. 그래서 외국에서는 아직도 전차가 많이 다녀요.

100년이 넘은 오사카 전차

1924년 당시 공장 작업 모습

거대 시장, 도쿄 개척

오사카 시내 요시다 상점이 마쓰시타 전기에 총대리점 자격의 판매권을 달라고 제의해 와서 일괄 판매를 맡겼어요. 그런데 처음에는 순조로운 듯하더니, 같은 업계 업자들이 힘을 합쳐 가격을 내려 대항해 오자, 요시다 상점이 계약 해지를 요구해 왔어요. 이에 마쓰시타가 거대 시장 도쿄를 다시 개척하러 도매상들을 일일이 찾아다녀 상당한 주문을 받았고, 도쿄의 판로가 점차 늘어났어요. 마쓰시타가 위기에 굴하지 않고 투지를 발휘했기 때문이지요.

여기서 잠깐! 오사카 상인

닌텐도 컬러 보이

일본의 서울은 어디일까요? 도쿄라는 도시예요. 그러면 일본에서 두 번째로 큰 도시는? 바로 마쓰시타가 간 오사카예요. 오사카는 옛날부터 장사를 잘하는 사업가가 많이 나오기로 유명한 곳이에요. 일본에서 가장 유명한 상인들이 바로 "오사카 상인"들이랍니다. 마쓰시타가 바로 오사카 상인 가운데 가장 유명해요. 오사카 상인들이 만든 회사는 여러분이 좋아하는 '게임 보이'를 만든 닌텐도란 회사도 있고요, 일본에서 가장 유명한 맥주 회사인 아사히란 회사도 있어요.

빛을 발한 오사카 상인의 기질

마쓰시타는 사업이 점차 커지자, 창업 4년째인 1922년에 본격적으로 공장 건설에 착수했어요. 이를 위해 자금이 필요했지만, 융자를 받을 만한 신용도 담보도 없었어요. 생각 끝에 마쓰시타는 건축업자에게 자신의 사업과 재무 상황을 설명하고 부족한 건축비는 매월 갚아 나가겠다고 했는데, 건축업자가 흔쾌히 이를 받아들였어요. 위기를 정면으로 돌파하는 마쓰시타의 오사카 상인의 기질이 통했던 거예요.

자전거용 포탄형 전지식 램프 개량

마쓰시타가 창업 때부터 실용성을 추구하는 제품을 만들었듯, 1923년에 발매된 "자전거용 포탄형 전지식 램프"도 실용적이었어요. 그 당시 전지식 램프는 기껏해야 두세 시간 사용하고 고장도 잦았지만, 마쓰시타 제품은 40~50시간 사용할 정도로 성능이 좋고, 값도 훨씬 쌌어요. 고안에 철저히 실용성을 추구해 설계는 물론 시험 제작도 직접 하고, 시제품을 수십 종 개량하느라 제품을 선보이기까지 오래 걸렸어요.

과감한 시장 개척

마쓰시타가 온 힘을 기울여 "자전거용 포탄형 전지식 램프"를 개발했지만, 오사카 도매상의 반응은 몹시 냉담했어요. 생각 끝에 마쓰시타는 특정 지역 자전거 소매상을 선정해 일일이 찾아다니며 제품을 무료로 빌려주고 직접 시험해 보게 했어요. 다행히 기대 이상으로 반응이 좋아, 도매상들의 주문이 크게 늘었어요. 그러자 마쓰시타는 신문에 광고를 내서 대리점을 모집해 판매 지역을 더 넓히고, 다음 해인 1924년에는 공장도 더 늘렸어요.

전차

오사카에 전차가 처음 등장한 것은 1903년이다. 당시 전차는 길 위를 다닌다고 해서 "노면 전차"라고 불렀는데, 1908년부터 꾸준히 노선이 늘어나면서 이용하는 사람이 크게 늘어났고, 1910년 무렵에는 시내 곳곳에 전차 공사가 한창이었다.

츠덴카쿠
1912년에 세워진 일본 최초의 타워다. 하늘과 통하는 높은 건물이라는 뜻으로, '통천각(通天閣)', 즉 츠덴카쿠라고 불린다. 현재도 오사카 시내를 한눈에 내려다보는 주요 관광지로 자리한다.

폐결핵

인류 역사상 가장 많은 생명을 앗아 간 감염병으로, 결핵균을 통해 감염된다. 접촉하는 사람의 30퍼센트 정도가 감염되고, 감염된 사람의 10퍼센트 정도가 결핵 환자가 된다. 그러나 나머지 90퍼센트의 감염자는 평생 건강하게 지내며, 지금은 약을 먹으면 치료할 수 있다.

1915년, 마쓰시타는 그렇게 무메노와 만난 지 4개월 만에 누나의 집에서 결혼식을 검소하게 올린다.

그리고 결혼 1년 반 뒤에는, 공사된 전기 배선을 점검하는 검사원으로 승진하며 안정된 가정을 꾸린다.

사람이 죽으란 법은 없구나. 지금처럼 부지런하면 뭐든지 안 되는 게 없겠어.

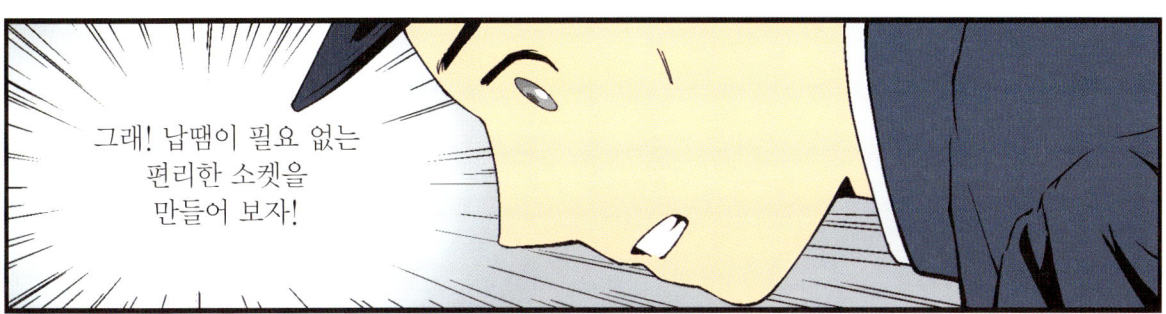

소켓(Socket)
불을 밝히는 전구에 끼워, 전기가 흐르는 전선과 접촉되게 하는 기구다. 나사를 틀어서 넣는 에디슨형은 일반 건물에 쓰였고, 진동으로 고정되는 스완형은 열차나 자동차, 선박 등에 사용된다.

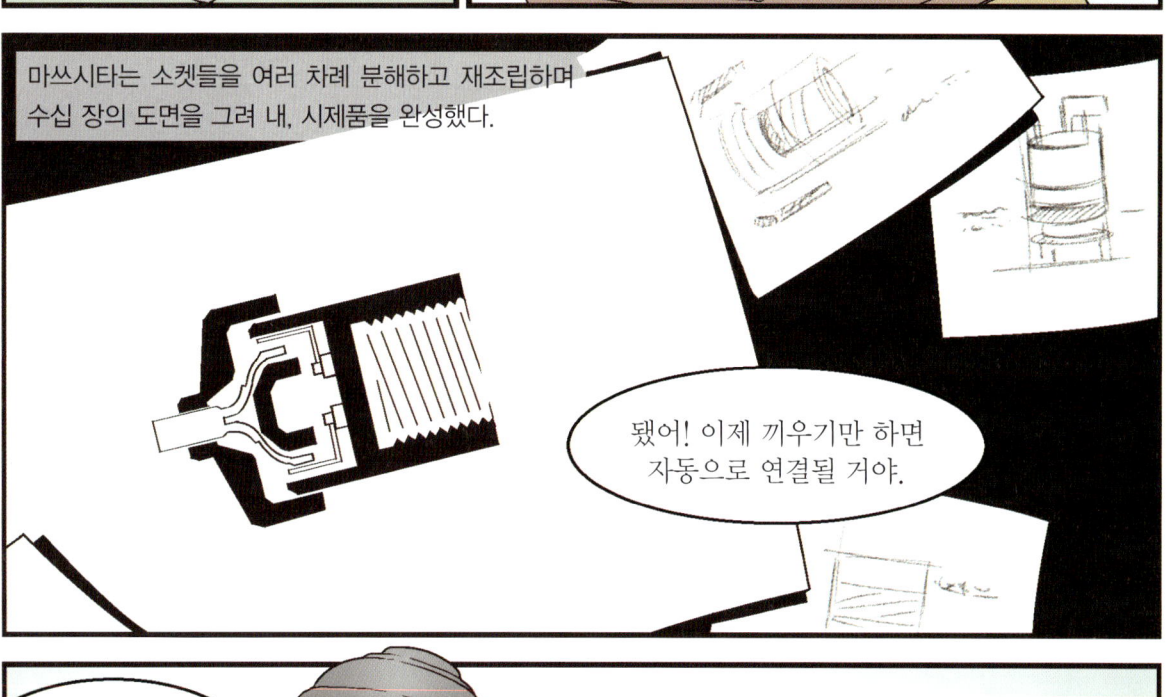

이우에 도시오

부인 무메노는 남동생이 세 명이었는데, 큰 동생인 이우에 도시오는 고등 소학교를 졸업한 뒤 마쓰시타의 첫 사업에 함께한다. 나중에는 도시오의 동생인 유로와 가오루도 마쓰시타 회사 발전의 큰 원동력이 되는데, 훗날 이우에 도시오는 '산요 전기'를 세운다.

작업은 처음부터 풀어야 할 문제들로 가득했다. 소켓을 만들려면 원료를 섞어 솥에서 가열하고, 돌절구로 반죽을 찧고, 프레스로 찍어 내야 한다.

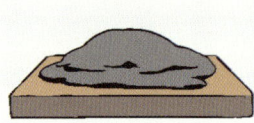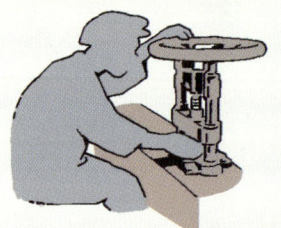

> **네리모노**
> 소켓은 사람의 손이 직접 닿는 물건이라 전기가 통하지 않아야 하는데, 이때 소켓의 본체를 구성하는 물질이 네리모노라는 절연체이다. 절연체란 전기가 통하지 않는 물질인데, 불로 녹였다가 굳혀서 모양을 만들며, 당시에는 주로 네리모노로 소켓을 만들었다.

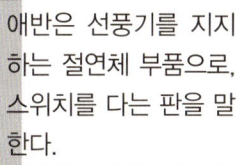

마쓰시타는 이 경험을 바탕으로 결국 획기적인 소켓을 개발해 내었고, 소켓왕이라는 별명을 얻었다.

특히, 아이디어 상품인 2등용 삽입 플러그는 대히트를 치며 날개 돋친 듯 팔려 나갔다.

어태치먼트 플러그: 전등과 다리미를 번갈아 사용하도록 개발된 소켓.

평생 이 교훈을 잊지 않을 테다! 부지런하다는 건, 포기하지 않는 거란 걸!

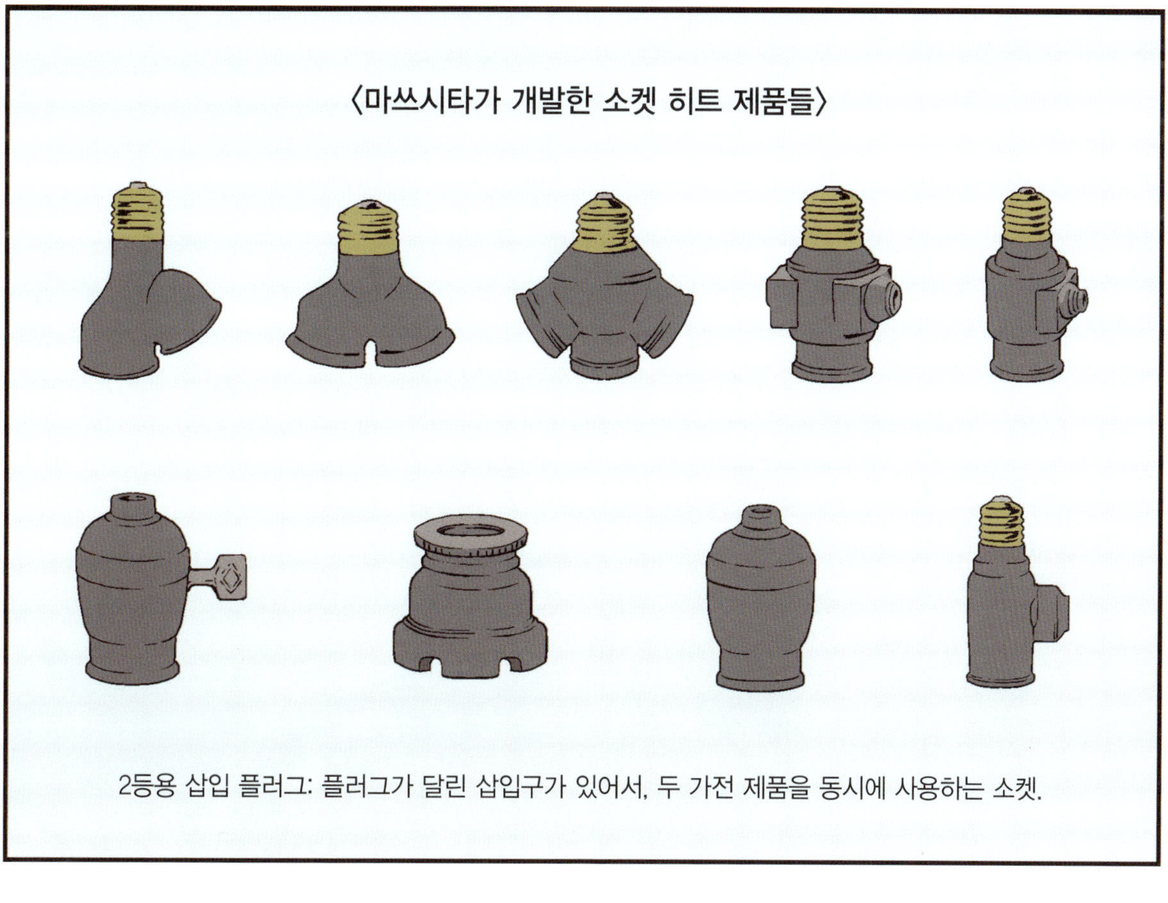

〈마쓰시타가 개발한 소켓 히트 제품들〉

2등용 삽입 플러그: 플러그가 달린 삽입구가 있어서, 두 가전 제품을 동시에 사용하는 소켓.

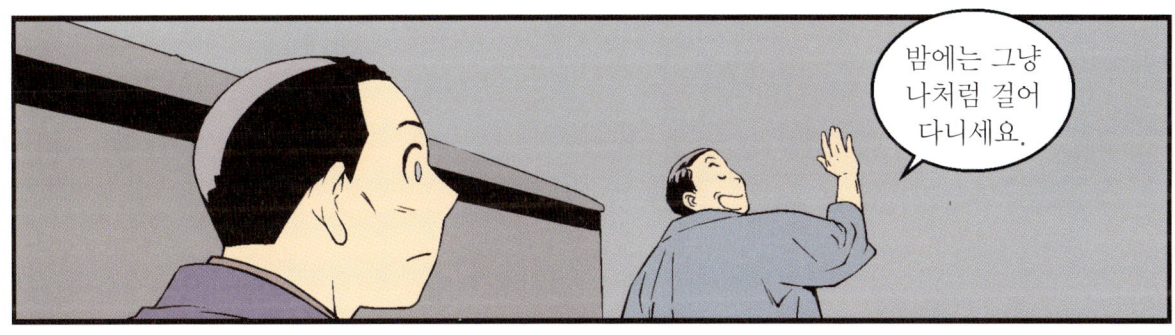

"하지만 사장님! 소매상을 상대로, 저 많은 물건을 언제 다 팔죠?"

"염려 마. 소매상들의 주문이 늘어나면, 도매상들에서 연락이 올 테니까."

"사장님! 도매상들의 주문이 크게 늘었습니다."

"허허, 이거 주문이 거꾸로 오기 시작했네요."

"맞습니다! 왜 그동안 항상 도매상을 거쳐야만 한다고 생각했는지 모르겠어요."

"이제는 신문 광고로 대리점을 모집해 판매 지역을 더 넓힙시다!"

전국에서 대리점이 모집되자, 마쓰시타가 개발한 자전거 램프는 오사카를 넘어 전국으로 팔려 나가기 시작했다.

대리점

한 회사의 물건을 전문적으로 팔아 주는 상점이다. 장점은 회사에 영업 사원을 따로 둘 필요가 없고, 제품을 꾸준히 팔 수 있다. 하지만 단점은 모든 판매를 대리점에 맡기므로, 가끔 물건을 많이 파는 대리점이 회사 쪽에 물건 값을 많이 깎는 등 무리한 요구를 한다.

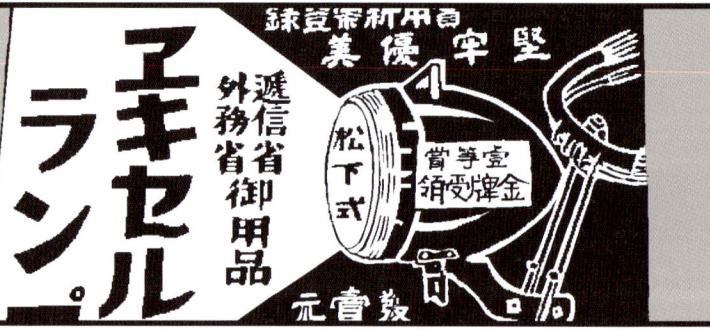

어음
돈을 줄 약속 날짜를 적어서 그 증거로 주는 문서로, 현금처럼 사용하는 화폐와 같은 효력이 있다.

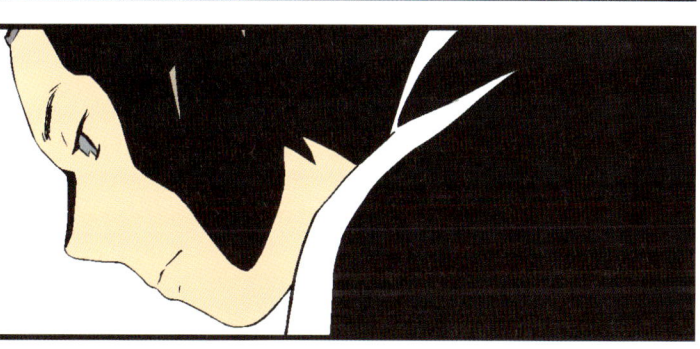

마쓰시타 전기의 눈부신 성장

도쿄에까지 명성을 떨치다!

1923년 9월 1일에 도쿄 지역에 관동 대지진이 발생해 판매에 큰 피해를 주었어요. 그러자 마쓰시타는 도쿄에서 가까스로 살아 돌아온 처남 도시오를 도쿄로 되돌려 보내, 거래처를 다니며 외상금을 절반만 받되, 제품 가격은 올리지 않게 했어요. 이에 거래처 사람들은 기쁨을 감추지 못했고, 소문을 들은 도매상들은 현금을 들고 찾아오고, 오사카 창고의 재고도 모두 도쿄로 향했어요. 그 결과 마쓰시타는 관동 대지진으로 명성을 도쿄에까지 전파했어요.

"내셔널" 브랜드의 탄생

1925년에 내셔널 브랜드가 탄생했어요. 마쓰시타가 포탄형 램프의 뒤를 이은 모델인 각형 램프를 개발하다 신문 기사를 보다 떠올라 내셔널 브랜드를 만들었어요. 1927년 내놓은 각형 램프에 처음 사용했지요. 마쓰시타는 각형 램프를 내놓으며 대담하게 1만 개를 시장에 뿌리려고, 오카다 건전지에 건전지 1만 개를 무료로 제공해 줄 것을 제안했어요. 이에 오카다는 흔쾌히 승낙했고, 선전용 램프는 1천 개가 나가기도 전에 주문이 밀려왔어요.

스미토모 은행과의 인연

마쓰시타 전기가 번창하던 1927년에 일본에 금융 공황이 발생했어요. 마쓰시타 전기의 주거래 은행이던 주고 은행도 경영이 어려워져 예금을 찾을 수 없었어요. 그런데 스미토모 은행이 긴급 자금을 융자해 주었어요. 2년 전인 1925년 스미토모 은행 직원이 여러 차례 찾아오자, 마쓰시타는 담보 없이 신용으로 대출해 달라고 했어요. 이를 보고받은 상사가 다시 찾아와 당좌가 개설되도록 본사에 강력히 요청하겠다며 돌아갔어요. 그 뒤 금융 공황이 나자, 스미토모 은행은 개설된 당좌에 거액을 넣어 주어, 마쓰시타 전기는 자금난에서 벗어났어요.

마쓰시타, 처남 이우에 도시오, 아내 무메노
(뒷줄 왼쪽부터)

경제 공황의 극복과 종신 고용제

마쓰시타는 1929년에 회사명을 "마쓰시타 전기 제작소"로 바꿨어요. 이즈음 마쓰시타는 기업의 사회적 책임을 강조하고, 신규 채용자에게 사내 교육을 충실하게 하고자 견습 점원 제도를 두었어요. 그해 말 세계 대공황의 영향으로 마쓰시타 전기도 매출이 절반 이하로 줄고 창고에 재고가 산더미처럼 쌓였지만, 마쓰시타는 단 한 사람의 종업원도 해고하지 않고, 재고를 줄이는 데 힘쓰라고 했어요. 이에 종업원들이 발 벗고 판매에 나서 공장은 정상 가동되었어요.

마쓰시타 전기의 눈부신 성장

마쓰시타 전기는 제1차 세계 대전이 막바지 무렵인 1918년에 오사카에서 창업해, 개발한 전등 램프와 전원 플러그 등이 선풍적인 인기를 끌며 비약적으로 성장했어요. 특히 마쓰시타 전기는 1930년대에 라디오, 건전지, 전기다리미 등으로 사업 규모가 확대됨과 동시에 제품이 왕성하게 다각화했어요. 1933년에는 일본 최초로 사업부제를 도입해 조직 관리 능력을 보여 주며, 성장과 발전에 중요한 역할을 했어요.

주식회사로 전환

마쓰시타 전기는 1935년에 자금 조달과 세제상 유리한 점 때문에 개인 회사에서 주식회사로 전환하며, 2년 전에 시작한 사업부제는 폐지했어요. 생산 제품의 분야는 계속 확대되어 1930년대 후반에는 라디오, 건전지 등 군수 관련 제품도 생산했어요. 1940년대에 들어서서는 군수 회사를 설립해 목조 선박이나 비행기도 제조했어요.

어차피 돈도 받을 겸 서둘러 올라가 줘.

여보, 지금 대리점 사장들이 얼마나 걱정이 많겠어요. 그런데 지금 물건 값을 받으라니요?

대신 지금까지 판 금액의 절반만 받는다고 해!

그리고 마쓰시타 제품은 절대 가격을 올리지 않겠다고 하고!

정말이세요? 그런 기쁜 소식이라면 당장 올라가야죠!

상점은 그들의 생계이자 가족의 미래야. 마쓰시타 전기는 그들의 위기를 돈벌이로 이용하지 않을 걸세!

정말인가? 이런 상식 밖의 일은 처음이네!

세상에! 다들 돈을 못 받을까 봐 난리를 치는데, 오히려 반으로 깎아 주다니! 이렇게 고마울 수가!

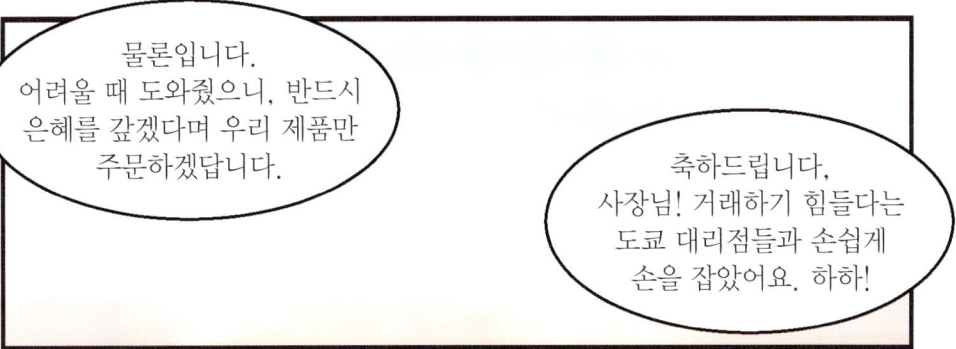

마쓰시타가 만든 '마쓰시타 전기 제작소'는 관동 대지진이 일어난 지 6년 만에 종업원이 무려 400여 명으로 늘어났다.

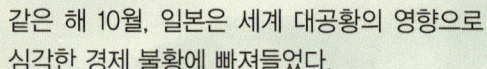

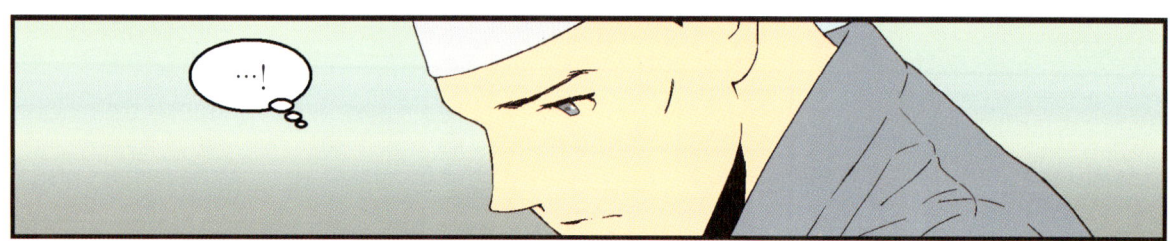

노블리스 오블리제(Noblesse oblige)
사회적 책임을 상징하는 이 말은 사회의 고위층 사람들에게 요구되는 높은 수준의 도덕적 의무를 뜻한다. 초기 로마 사회의 고위층들이 많은 사람을 위해 봉사하고, 재산을 대가 없이 내놓거나 바치던 전통을 명예로 여기면서, 너도나도 경쟁적으로 이루어지기 시작했다. 그 뒤로 고위층 자녀들이 스스로 전쟁터에 나가는 등 투철한 도덕의식과 솔선수범하는 공공 정신이 이어져 왔다.

마쓰시타 전기의 직원들은 휴일도 잊은 채 제품 견본을 가방에 넣고 교토와 오사카 각지로 뛰어다녔다.

그렇게 2개월이 지날 무렵, 창고에 쌓인 재고는 사라지고, 공장은 다시 정상적으로 돌아가기 시작했다.

놀랍군. 두 달 만에 정상 가동이라!

이렇게 자발적으로 열심히 일하는 직원들은 처음 보는군요.

축하해요, 마쓰시타 선생! 이런 작은 회사에서 꽤 놀라운 경영 수완을 발휘하다니! 놀랐소이다, 허허!

당신이 실천한 종신 고용제에 깊은 감명을 받았어요. 앞으로 어떤 모습을 보일지 계속 지켜보겠습니다!

감사합니다.

종신 고용제

종신 고용이란 한 회사에 취직해서 나이가 들 때까지 일하는 것을 말한다. 직장에 들어가 경험과 경력이 쌓이면서 승진도 하고, 나이가 들어 그만둘 때까지 안정적인 생활을 누리도록 한 제도다. 마쓰시타 고노스케는 전쟁 때 한 번을 제외하고는 일본에서 이 제도를 꾸준히 지켜 낸 사람으로 유명하다. 마쓰시타 이후로 종신 고용제가 일본 기업들의 전통이 되었으나 오늘날엔 다시 줄어들고 있다.

스미토모 은행

마쓰시타 고노스케에게 돈을 빌려준 스미토모 은행은 당시 돈을 빌려주는 데 매우 까다롭기로 소문난 은행이었다. 스미토모 은행은, 은행을 세운 스미토모 가문의 부당한 이익을 좇지 않는다는 가훈과 기업을 보는 정확한 눈 덕분에, 한때는 일본 최고의 은행으로 손꼽혔다. 스미토모 은행과 마쓰시타 전기의 인연은 오랫동안 이어져 갔다.

라디오

방송국에서 내보내는 전파를 음성으로 바꿔 주는 수신기다. 1895년에 이탈리아의 마르코니가 무선통신기를 발명하면서 세상에 처음 등장했다. 라디오 방송은 1920년 미국에서 처음 시작되었다. 일본에서는 5년 뒤인 1925년에 도쿄 방송국이 최초로 라디오 방송을 시작하면서, 한국에도 같은 해에 시험 방송을 했다. 그 뒤로 일본에는 라디오 생산 업체가 100여 군데나 생겼는데, 수입 라디오는 너무 비싸고 국내 제품은 고장이 잦았다. 이에 마쓰시타는 고장이 없고 잘 들리는 라디오를 만들어 달라고 했고, 결국 직원들은 고장 나지 않는 라디오를 만들어 보답했다고 한다.

오사카 덴노지. 이곳은 마쓰시타가 어린 시절을 보낸 곳이다.

수도 철학을 발표한 명지 원년•

마쓰시타 전기가 실제로 문을 연 것은 이때로부터 14년 전인 1918년이었다. 그러나 수도 철학의 참된 사명을 깨달은 것을 기념하고자, 마쓰시타는 1932년 5월 5일을 새로운 창립 기념일로 삼았다. 그래서 이 날을 '명지 원년'으로 불렀는데, 이때 읽은 글은 매년 창립 기념일 행사 때마다 낭독하는, 회사의 전통이 되었다.

• 원년: 어떤 일이 처음 시작되는 해.

1935년 12월, 마쓰시타는 회사를 '주식회사'로 바꾸었다.

마쓰시타 전기산업 주식회사

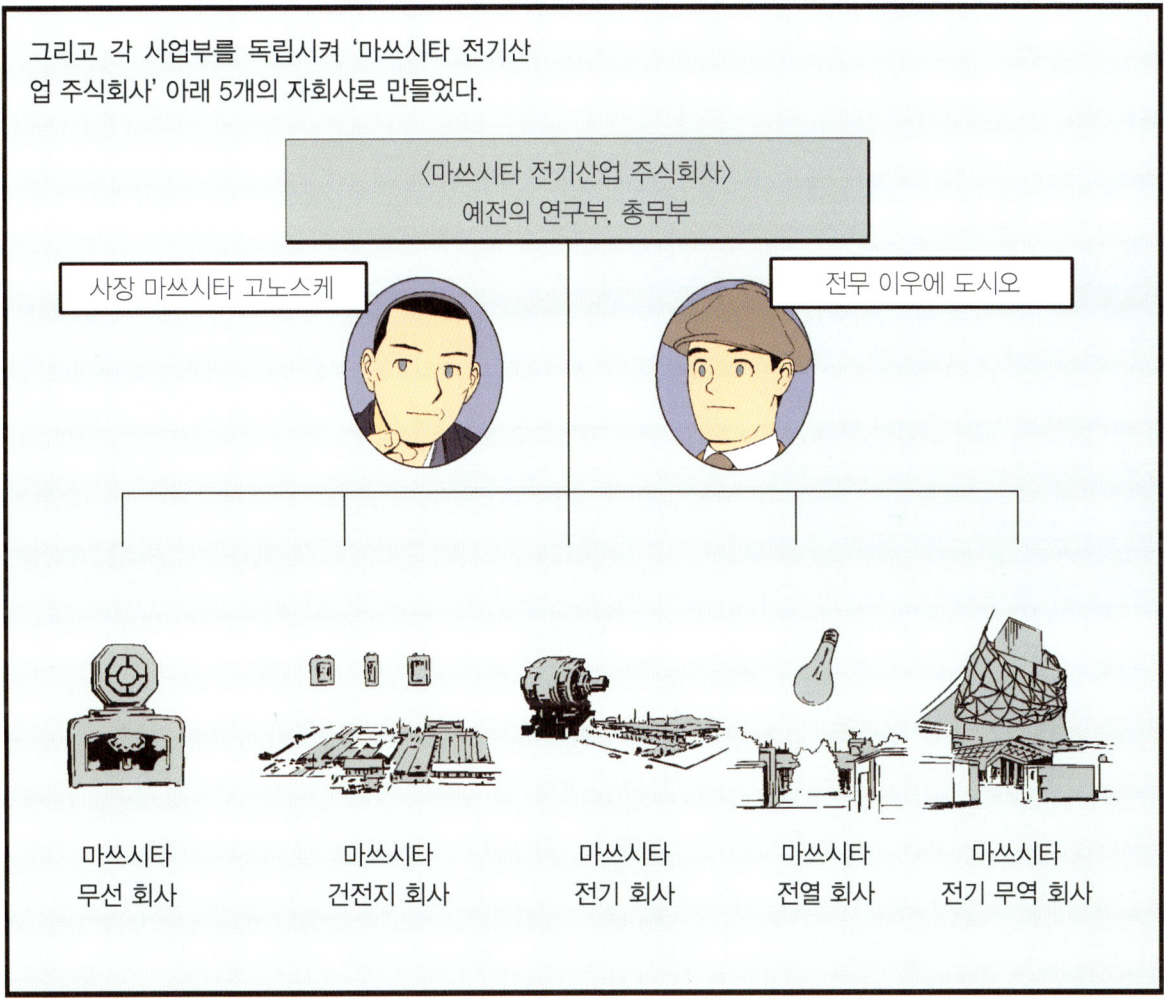

그리고 각 사업부를 독립시켜 '마쓰시타 전기산업 주식회사' 아래 5개의 자회사로 만들었다.

〈마쓰시타 전기산업 주식회사〉
예전의 연구부, 총무부

사장 마쓰시타 고노스케

전무 이우에 도시오

마쓰시타 무선 회사 · 마쓰시타 건전지 회사 · 마쓰시타 전기 회사 · 마쓰시타 전열 회사 · 마쓰시타 전기 무역 회사

주식회사(株式會社)

회사가 주식을 발행하고, 그 주식을 주주들이 사들여서 만들어지는 회사를 말한다. 쉽게 말하면, 사업을 하려는데 돈이 부족해, 다른 사람의 돈을 투자받아서 하는 경우가 많다. 이때 투자자들의 처지에서는 사업의 일부를 내 것이라고 소유권을 주장할 수 있는데, 이 소유권을 나타내는 증권이 주식이고, 주식으로 소유권을 나타내는 회사가 주식회사다.

세계로 우뚝 선 마쓰시타 전기

중일 전쟁 당시 마쓰시타 경영

마쓰시타 그룹은 1937년 중일 전쟁이 일어나, 건전지, 배선 기구, 무전기 등의 군납이 시작되었고, 일부 병기의 부품을 생산했어요. 1942년에는 목조 군함의 제작 지시로 1943년에 마쓰시타 조선 주식회사가 설립된 데 이어, 항공기 기체의 제작 지시로 마쓰시타 비행기 주식회사가 설립되었어요. 하지만 얼마 지나지 않아 전쟁이 끝나 생산량은 얼마 되지 않았어요. 이 일로 마쓰시타 그룹은 제2차 세계 대전이 끝난 직후 시련을 겪었어요.

재벌 지정과 공직 추방

일본에 주둔한 연합군 총사령부는 1946년 6월에 재벌 가족을 지정하는 한편, 11월에 공직 추방 조치를 내렸어요. 마쓰시타는 선박·비행기 제작에 참여했다는 이유로 재벌 가족에 지정되고도 사장 자리에서 버텼어요. 하지만 1946년 11월에 공직 추방령으로 또다시 무조건 추방 대상에 지정되었어요. 이에 마쓰시타는 연합군 총사령부를 드나들다 체념에 빠졌어요. 재벌 가족 지정 이후에 생활비까지 일일이 연합군 총사령부의 허가를 받아야 했어요.

노동조합의 마쓰시타 구하기 운동

1921년 마쓰시타는 사주와 종업원이 자주 만나 친목을 다지는 모임인 보일회를 조직해, 단합된 풍토, 가족적인 분위기의 기업 문화를 만들고자 했어요. 이 노동조합의 사주들이 마쓰시타 구하기 운동에 발 벗고 나섰어요. 연합군 총사령부에 탄원서를 제출하고, 서명 운동을 벌여 대다수가 찬성하자, 연합군 총사령부와 정부 고위 관료를 일일이 찾아다니며 구하기 운동을 벌였어요. 그 결과 마쓰시타는 1947년 5월에 마침내 공직 추방 대상에서 풀려났어요.

파나소닉 오사카 본사

미국 출장길에 오른 마쓰시타

마쓰시타는 공직 추방에서 풀려났지만, 마쓰시타 전기는 불황이 심화되어 판매 부진에 허덕였어요. 그러다가 1950년 미국이 한국 전쟁에 개입하면서 각종 물자의 수요가 갑자기 증가해 경영 위기에서 벗어났어요. 이에 마쓰시타는 1951년에 최대 해외 시장으로 떠오른 미국 시장을 개척하러 출장길에 올라, 전자 부문의 첨단 시설을 확인했어요.

필립스와의 기술 제휴

필립스가 기술 제휴를 위해 무리한 자본금을 요구해 오자, 마쓰시타는 마쓰시타 전기가 경영할 테니 그 대가로 경영 지도료를 달라고 했어요. 이를 필립스가 받아들이지 않자, 마쓰시타는 다카하시를 네덜란드로 보냈어요. 그는 마쓰시타 전기의 경영 능력을 설명하고, 반드시 필립스에 도움을 주겠다고 주장했어요. 필립스와의 제휴 결과 1952년에 마쓰시타 전자공업이 탄생해, 브라운관, 진공관 등의 제품을 생산했어요.

세계적인 기업으로 기틀 다지기

마쓰시타 전기는 필립스와 합작해 전자 산업 기술의 기반을 확립함으로써 1950년대 세계적인 기업으로 기틀을 닦았어요. 1952년에 텔레비전을 비롯해 자전거·전자 레인지·믹서를, 1953년에 무선 마이크·냉장고를, 1954년에 브라운을, 1955년에 공업용 수상기·가정용 펌프를, 1956년에 전기밥솥·주서기·청소기 등의 신제품을 연이어 내놓았어요. 1955년에는 대미 수출용 스피커에 파나소닉 브랜드를 사용함으로써 파나소닉 시대가 열렸어요.

일곱 번째 이야기
세상을 바꾸는 힘

1937년 7월, 일본의 군사 정부*는 중국과 전쟁을 일으키며, 전쟁에 필요한 수백만의 군인을 모았다.

마쓰시타 전기의 젊은 직원들도 전쟁터로 불려 나갔다.

부디 살아와 자네들의 힘으로 세운 마쓰시타 전기에서 남은 인생을 편히 보내기를 바라네!

* 군사 정부: 군인이 다스리는 정부.

다음 해, 일본의 군사 정부는 '국가 총동원령'을 내리고, 그다음 해에는 물건 가격도 나라에서 정하겠다고 발표했다.

무슨 일인가? 도시오 전무!

나라에서 물가, 임대료, 수송비, 임금 등을 한 푼도 올릴 수 없도록 했습니다!

더구나 목재와 의료품, 성냥, 설탕 등을 정부에서 직접 나누어 주겠답니다!

그건 배급제가 아닌가?

이건 기업에 사업을 그만두라는 것과 같습니다!

국가 총동원령

1938년 4월에 일본의 군사 정부가 선포한 법으로, 전쟁 중이거나 전쟁만큼 위급한 일이 일어날 경우, 나라를 지킨다는 국방의 목적을 위해, 국가가 모든 사람의 이동과 물건을 사고파는 것을 결정한다는 법률이다. 그 당시 일본은 중일 전쟁 때문에 온 나라가 전쟁 상황이었다.

배급제
모든 물자를 정부에서 한꺼번에 거둬들인 다음, 필요한 물품만을 일률적으로 다시 나눠 주는 제도다. 당시 전쟁 중이던 일본은 전쟁터에 물품을 우선 보내려고 강제로 이 방식을 취했다. 일본의 배급제 실시로 마쓰시타 전기도 제품을 만들 수 없어, 전쟁에 필요한 군수품을 만들게 되었다.

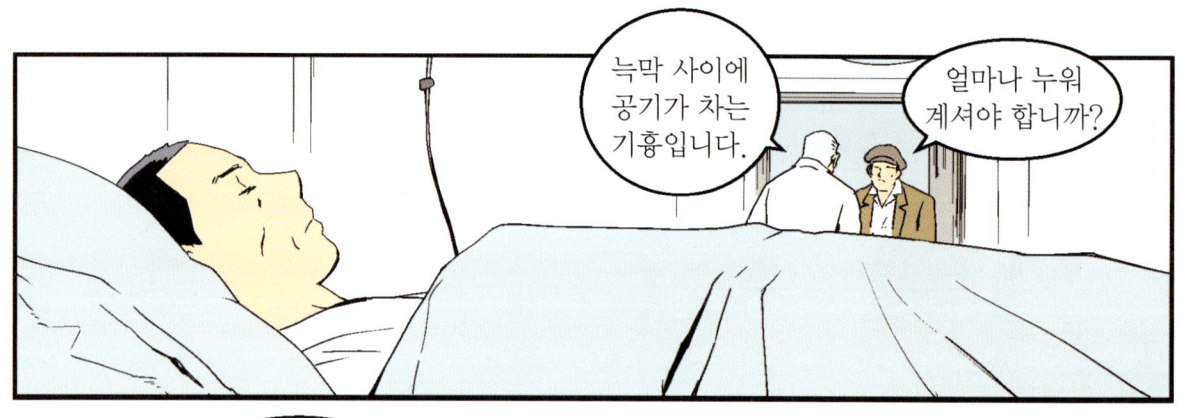

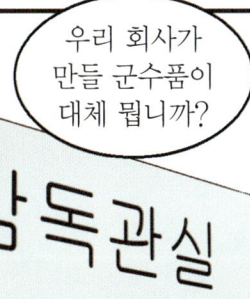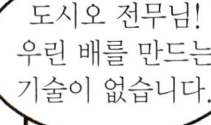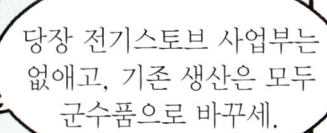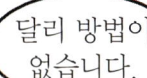

1945년 1월, 마쓰시타 비행기 주식회사는 목조 비행기를 만들어 냈다.

훌륭하오. 앞으로 시속 350킬로미터의 속도를 내는 비행기 몸체를 매달 200기씩 만들어 주시오.

200기씩요?

…!

하지만 마쓰시타 비행기는 물자가 부족해 총 3기밖에 만들지 못했다.

이 큰 비행기 공장에, 시멘트도 없어서 회죽으로 활주로를 만들고, 2년 넘게 고생해 3대를 만들었군.

…

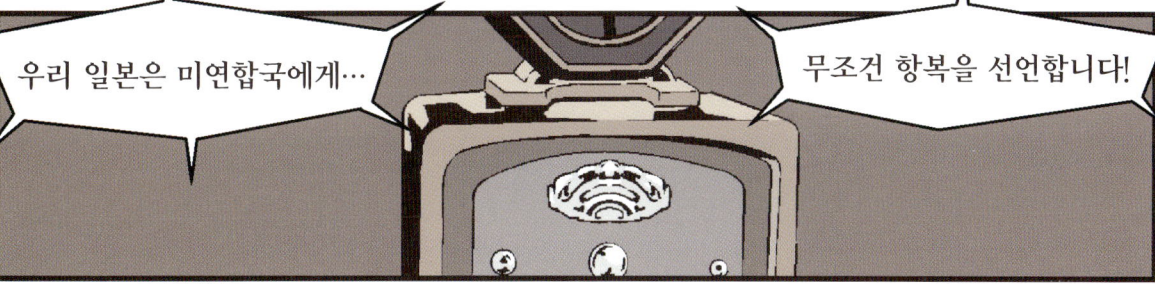

연합군 최고 사령관 총사령부 GHQ

태평양 전쟁에서 승리한 미국으로부터 일본을 통치하는 권한을 받은 연합군 최고 사령관 맥아더 장군은 GHQ(General Head Quaters of the supreme Commander for the Allied Powers)를 새로 만들어 일본을 통치하였다. 맥아더는 일본의 군사와 모든 행정을 감시하고자 GHQ 아래에 지방 군사 정부를 두었고, 전국에 군부대를 설치하였다.

공직 추방령
전쟁 중에 일본의 군사 세력을 위해 일했거나 관련 있는 사람들이, 앞으로 국가와 관련된 모든 일을 할 수 없도록 한 법이다. 연합군 사령부는 1946년 1월 공직 추방령을 내림으로써, 국가 공무원 및 정치인 21만 287명을 그 자리에서 쫓아냈다.

전자 기술
흔히 전기의 힘을 직접 이용하는 제품을 전기 제품이라 하고, 전기의 힘을 신호로 이용하는 제품을 전자 제품이라고 한다. 요즘은 텔레비전, 세탁기, 냉장고와 같은 모든 전기 제품에 전자 기술이 들어 있어서 전자 제품이라 부른다.

• 로열티: 남의 특허권이나 상표권, 저작권 등을 사용하고 내는 값으로, 사용료로 이해하면 된다.

• 2억 엔.

경영 지도료

'경영 지도료'는 마쓰시타가 처음 만들어 낸 생각이다. 그 당시 마쓰시타는 필립스와의 공동 회사에 인재를 파견하고, 모든 판매를 도맡아야 하는 처지에서 경영만큼은 자신 있다는 자부심으로 경영 지도료를 요구한다. 보통, 선진국과 후진국 사이에서 이루어지는 기술 제휴는 대부분 선진국이 요구하는 대로 따라가는 것이 대부분이어서, 이러한 당당한 자부심은 훗날 일본인에게 큰 명예로 남았다.

다음 해, 필립스와의 제휴로 세워진 '마쓰시타 전기공업'은 자본금이 5억 엔에서 2년 만에 30억 엔인 회사로 성장한다.

전기에서 전자 산업으로의 탈바꿈은 새로운 발전의 기회를 가져왔고,

마쓰시타 전기는 수많은 가전제품을 쏟아 내며, 일본 가정용 전자 업체의 선두로 올라선다.

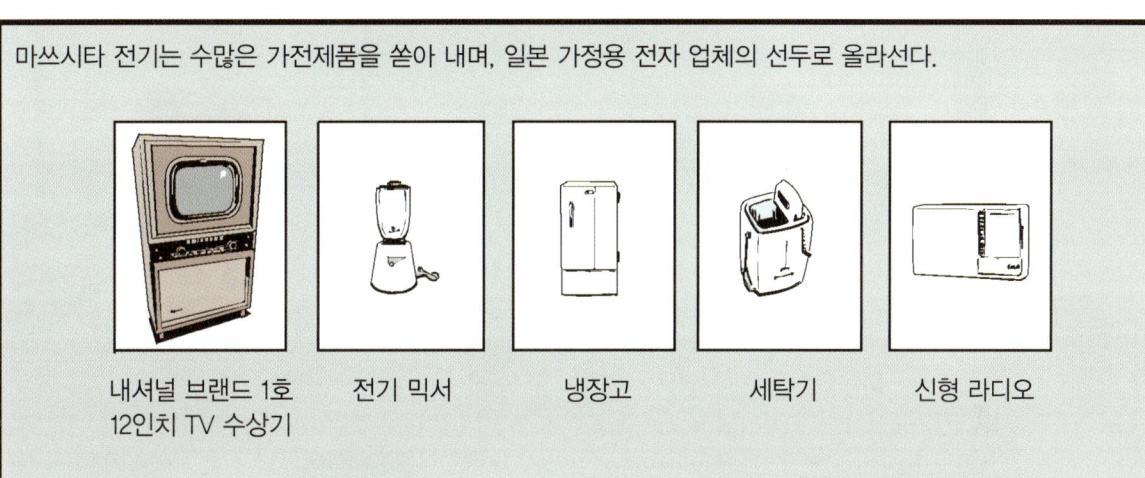

내셔널 브랜드 1호 12인치 TV 수상기 · 전기 믹서 · 냉장고 · 세탁기 · 신형 라디오

그러면서 각 가정은 가전제품을 어렵지 않게 들여놓을 수준이 되면서, 텔레비전과 세탁기, 냉장고를 '신이 가져다준 세 가지 선물'이라고 불렀다.

포드의 말이 틀리지 않았어요. 물건을 많이 만들면 부품도 싸게 사니, 제품 값도 낮추고, 결국은 수도 철학을 실천하게 되지요.

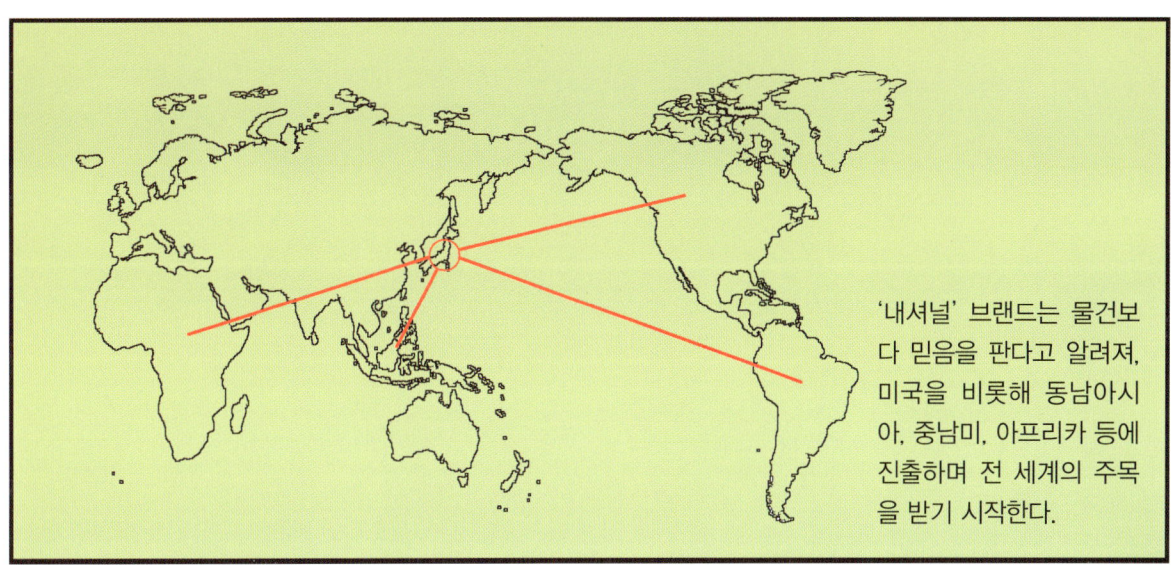

'내셔널' 브랜드는 물건보다 믿음을 판다고 알려져, 미국을 비롯해 동남아시아, 중남미, 아프리카 등에 진출하며 전 세계의 주목을 받기 시작한다.

1955년에는 미국에 스피커를 수출하면서 '파나소닉' 브랜드를 처음으로 사용했고,

1960년, 텔레비전 생산이 일본 국내에서 100만 대를 돌파하며 일본 가전업계 1위로 올라섰다.

마쓰시타 고노스케는 이름이 전 세계의 언론을 통해 알려지기 시작했고.

1958년, 미국 〈뉴욕타임스〉. "발명가 마쓰시타 고노스케"

1959년, 영국 〈파이낸셜타임스〉. "기업 경영의 귀재 마쓰시타"

1962년, 일본 교토신문. "이제 마쓰시타는 경영의 신처럼 여겨진다!"

드디어 세계적으로 권위 있는 잡지 〈타임〉지의 특집 인물로 소개되었다.

조직을 디자인한 판매의 신

수도 철학

마쓰시타의 경영 철학은 흔히 "수도 철학"이라 불려요. 1932년 봄에 마쓰시타는 거래선의 초청으로 덴리교 본부를 방문했어요. 그곳 건설 현장에서 사원이 돈도 받지 않고 열심히 일하며 행복해하는 모습을 보고 기업의 사명을 곰곰이 생각하다 "수도 철학"을 생각해 내고는, 이를 전파하고자 5월 5일에 창업 기념식을 개최했어요. 무궁무진하고 값싼 수돗물처럼 마쓰시타 전기 회사 제품도 싸게 많이 보급해 사람들에게 행복을 주자는 취지에서였지요.

조직의 디자이너

1935년 마쓰시타는 일본 기업 최초로 사업부제를 시행했어요. 독창적으로 고안해 낸 아이디어로 라디오 사업과 건전지 사업에 진출했기 때문이에요. 그런데 램프용 건전지는 타사에서 구입해, 1931년에 건전지 공급 기업을 사들이려 했으나 제품 노하우가 없어, 결국 기존 경영자에게 사업을 맡겼어요. 결국 마쓰시타는 1933년 신규 사업 진출 때문에 효율적인 경영 관리를 위해 새로운 조직 체계인 사업부제를 고안했으나 1935년 독립된 회사로 탈바꿈했어요.

경영진 회의하는 마쓰시타

여기서 잠깐! 마쓰시타 전기의 네 가지 브랜드

파나소닉 창립 100주년 기념 행사

　고도 성장기 마쓰시타 전기는 네 가지 브랜드인 내셔널·파나소닉·테크닉스·퀘이사를 사용했어요. 이 중 내셔널은 1925년 마쓰시타가 직접 창안한 브랜드로, 각형 램프에 처음으로 사용되어, 오늘날까지도 마쓰시타를 상징하는 단어 및 상표로 수많은 상품에 붙였어요. 파나소닉 브랜드는 1955년 대미 수출용 스피커에 최초로 붙였으며, 1986년부터는 일본 내 영상·음향 기기, 정보 통신 기기, 자동차 내장용 기기, 반도체, 전자 부품 등에 한정해 사용했어요. 2003년부터는 글로벌 브랜드를 파나소닉으로 통일했어요. 테크닉스는 국내용 고급 스피커에 처음 사용한 브랜드로, 고급 하이파이 제품에 사용하려고 만들었어요. 퀘이사는 1974년에 마쓰시타가 미국의 모토로라에서 가전 기기 사업 부문을 인수하면서 부대조건으로 모토로라의 컬러텔레비전 상표를 이어받았어요.

사업부·분사 용어의 창시자

사업부제란 1920년 미국에서 탄생한 새로운 기업 조직이에요. 사업부가 개발·제조·판매 등의 직능을 일괄적으로 갖고 자율적인 사업 단위로 구성되지요. 마쓰시타는 미국의 사업부제와 달리 스스로 필요에 의해 창안해, 복수 사업부제의 조직을 사업부라고 불렀어요. 마쓰시타는 1935년에 네 개 사업부를 분사하면서 마쓰시타 전기 조직 및 기본 내규를 만들었는데, 이때 분사라는 용어를 처음 사용했어요.

조직 관리의 선봉장, "경리 사원"

마쓰시타는 판매에 관해 정확한 판단을 내렸는데, 바로 본사에서 직접 선발한 경리 사원의 존재가 중요한 역할을 했어요. 이들은 결정권은 없지만, 마쓰시타에게 직접 보고하고 의견을 제시했어요. 마쓰시타가 상담역으로 물러나서도 엄청난 정보량을 가졌던 이유가 경리 사원에게 직접 보고를 들었기 때문이에요. 일본 기업의 사업부제는 제조·판매 등 중요한 기능은 본사에서 관리하는 구조예요. 이는 일본 기업의 조직 역량 강화에 도움을 주었어요.

"보신부"를 통한 판매 정보 수집

마쓰시타는 판매 부문에서도 정보 수집 능력이 남달랐어요. 마쓰시타는 자사의 신용과 브랜드를 유지하고자 판매점의 점주를 관리하는 보신부를 두었어요. 정보를 파일 형태로 저장해 후임자가 판매점에 대해 한눈에 파악하도록 철저히 관리했어요. 이처럼 마쓰시타는 정확한 판단을 내리기 위해 방대한 정보를 축적했어요. 정보의 중요성에 대한 인식이 남달랐지요.

판매의 신, 마쓰시타

마쓰시타의 사업이 순조롭게 성장한 것은 제품 판매를 위한 적극적인 판매망 개척 노력과 전국적인 판매망 구축 덕분이었어요. 이는 마쓰시타 그룹의 고속 성장에 크게 공헌했어요. 마쓰시타 전기의 판매망은 본사 내 영업 부서, 전국 대리점 및 계열 소매점으로 구성되었어요. 연맹점 제도 아래 대리점은 안정적인 거래선으로 확보하고, 소매점은 제품의 안정적인 공급을 바탕으로 고객 서비스나 판매 촉진에 적극 나섰지요.

정가 판매 운동 전개

마쓰시타는 1935년 7월 연맹점 제도를 도입하면서 "정가 판매 운동"을 전개했어요. 마쓰시타가 생각한 정가는 사회가 적당하다고 인정한 가격을 뜻해요. 정가 판매 운동은 연맹점의 환영을 받아 협력을 공고히 하는 데 중요한 역할을 했어요. 마쓰시타 전기가 대량 생산 · 대량 판매 시대를 거치면서 초일류 기업으로 성장했던 원동력은 바로 거대한 판매망이었어요. 마쓰시타는 1961년 사업 구조 조정에서 시판부를 신설해 책임자를 겸임했어요. 한편 지방 출장소와 판매 회사를 늘리고, 판매망을 부 단위로까지 세분화해 내셔널 제품이 전국으로 보급되는 기반을 갖추었어요. 또한 내셔널 라디오 월부 판매 회사를 설립해 할부 판매 방식도 도입했어요.

학력과 서열을 무시한 파격적인 인사

1977년 1월 마쓰시타는 자신은 회장으로 물러나고 야마시타 도시히코 이사를 사장으로 임명한다고 발표했어요. 야마시타는 나이가 어린 데다 학력도 고졸이었어요. 하지만 1938년 고등학교 졸업 후에 열여덟 살의 나이로 마쓰시타 전기에 입사해, 1950년에 네덜란드 현지 공장장, 1962년에 마쓰시타 자회사인 웨스트 전기 상무이사, 1965년에 에어컨 사업부장을 지냈어요. 야마시타는 사장 자리에 오른 뒤 직원과 회사가 다투지 않도록 능력을 발휘했어요. 또한 마쓰시타를 설득해 말레이시아에 에어컨 공장을 설립해, 에어컨을 역수입하게 해서 일본 시장에서 에어컨 시장을 장악하는 데 크게 공헌했어요.

PHP
마쓰시타가 시작한 사회의식 개혁 활동으로, 'Peace and Happiness through Prosperity'의 약자이며, '번영을 통해서 평화와 행복을 실현하는 길을 추구하자!'라는 의미를 담고 있다.

1960년대의 경제 위기
1950년대 후반에 일본의 가정들은 이미 가전제품을 대부분 갖추었다. 그러나 기업들은 1964년에 열릴 도쿄 올림픽의 영향으로 제품이 많이 팔릴 것으로 예상하여 가전제품을 많이 만들어 냈다. 하지만 제품은 안 팔리고 창고에 산더미처럼 쌓여, 그 결과 일본 전체의 경제가 안 좋아졌다.

1964년 7월, 간담회 첫째 날. 마쓰시타 회장이 직접 역에 나가 대리점 사장단을 맞이한다.

어서 오십시오!

헉, 회장님이 직접…?

170여 명의 판매 회사와 대리점 사장들은 온천에서 충분히 휴식하고, 연회장에서 영화를 보았다.

도쿄 올림픽에 나갔던 대표 선수들의 연습 장면 아닌가?

이따위 영화나 보자고 이 먼 곳까지 온 줄 아나?

사람 예민하긴! 마쓰시타 전기가 투자한 영화라서 보여 주는 거겠지.

어쨌든 이왕 온 김에, 할 말은 하고 갈 테니 두고 보라지!

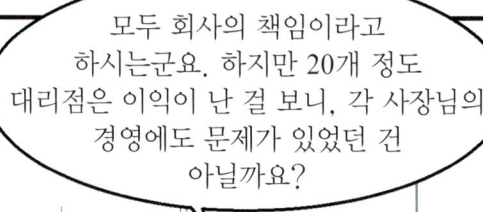

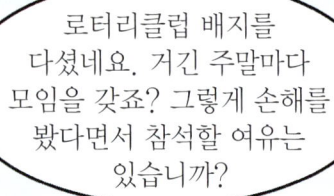
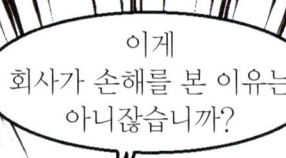

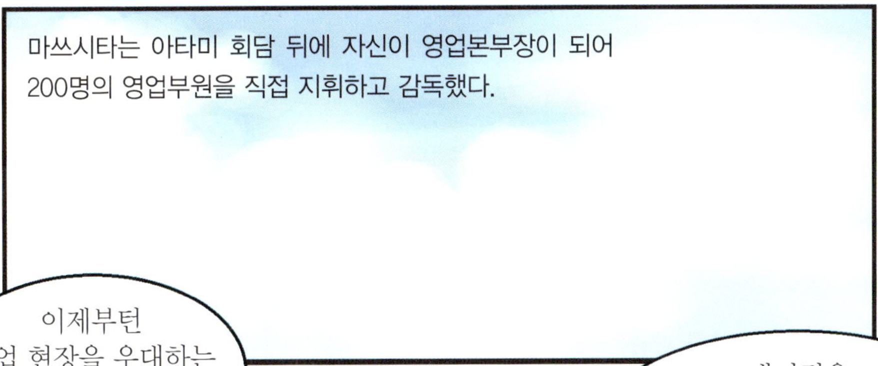

마쓰시타는 아타미 회담 뒤에 자신이 영업본부장이 되어 200명의 영업부원을 직접 지휘하고 감독했다.

"이제부턴 영업 현장을 우대하는 새로운 판매 제도를 시작합시다!"

"대리점을 한 지역에 한 곳만 두어 지나친 경쟁을 막고, 현금 거래만 합시다!"

그리고 1년 만에 마쓰시타 전기는 2,565억 엔을 팔아 치우며, 회사가 세워진 이래 최고의 실적을 올렸다.

"뭐 부족한 건 없으세요?"

"회장님 전화 받았네. 이렇게 매일같이 신경 써 주니 몸 둘 바를 모르겠어."

"아타미 회의야말로 마쓰시타 최고의 신화가 되었는데, 성공 비결이 뭘까요?"

"혹독한 추위를 겪은 꽃이야말로 가장 찬란한 빛깔을 내는 법이죠. 따뜻한 온실에선 피지 않는 진달래꽃처럼 말이죠."

이시다 다이조

1888년에 태어났으며, 부자였던 집안이 망하면서 어릴 때부터 남의 집에서 일했던 마쓰시타의 유년 시절과 매우 닮은 재벌 기업가다. 세계 1위의 일본 자동차 산업을 이루어 낸 도요타 자동차의 경영자다. 참고로 도요타 자동차를 만든 사람은 도요타 사키치다.

가이젠[改善]

'개선'을 뜻하는 일본 말로, 잘못된 것, 부족한 것, 나쁜 것을 고쳐 더 좋게 한다는 의미를 담는다. 특별히 '가이젠'은 일본 회사에서 쓰이기 시작해서 세계적으로 알려진 말인데, 시키는 대로 명령을 따르지 않고 스스로 지혜를 내어 변화를 이끌어 가는 것이 특징이며, 그 때문에 갑자기 성공하지도 않음을 나타낸다. 오늘날까지 도요타 자동차에서 실천하는 전통적인 방식이며, 일본을 대표하는 기업들도 따른다.

세계적인 재벌 가문
로스차일드는 유대계의 국제적 금융업자로 유럽 및 전 세계의 경제와 산업에 강력한 영향력을 끼친 재벌이다. 록펠러는 미국의 석유왕으로 불리는 재벌이며, 아넬리는 이탈리아 최고의 자동차 그룹인 피아트를 소유한 재벌이다. 이들 재벌들은 모두 가문 대대로 경영을 이어 나간다.

마쓰시타 정경숙

마쓰시타 고노스케는 나이 든 자신이 직접 정치에 뛰어들려고 했으나 주변에서 말려 포기한다. 그 대신에 일본의 미래를 짊어지고 갈 지도자를 키우고자 84살 때 만든 것이 바로 '마쓰시타 정경숙'이다. 지도자는 모름지기 정치와 경영을 제대로 이해해야 한다는 의미에서 '정경(政經: 정치와 경제)'이라는 이름을 붙였다고 한다.

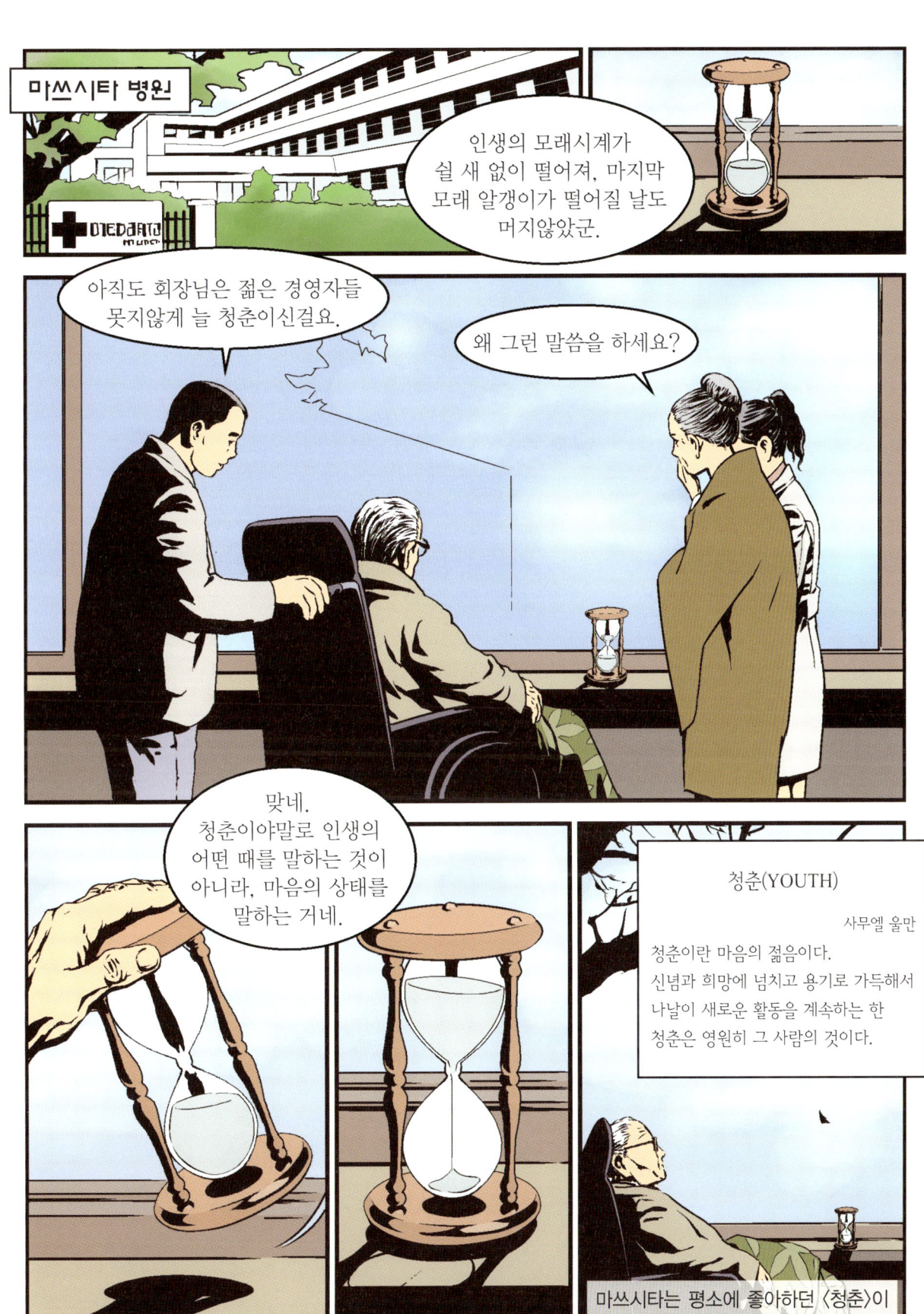

1989년 4월 27일. 마쓰시타 고노스케는 가족과 친척들이 지켜보는 가운데 96살의 나이로 생애를 마감했다.

죽기 직전에 마쓰시타는 세상에 재산을 남기는 것을 인생의 잘못으로 여기며 사회에 550억 엔을 기부했다.

사람이 태어나서 죽는다는 것은, 여전히 발전하는 것입니다. 삶이 발전하면 생각도 발전합니다.

그러니 태어난 자를 위해 축배를 그리고 죽을 자를 위해 축배를!

마쓰시타가 PHP 활동으로 쓴 책 《인간을 생각한다》는 그가 쓴 많은 글 중에서 최고의 작품으로 평가받으며, 오늘날까지 베스트셀러로 기록된다.

PHP 출판 책임자 에구치 가쓰히코

"일본의 경영자로서 평생에 이토록 인간 연구에 많은 공을 들인 분은 아마 없을 겁니다."

"이후에 내신 《길을 열다》란 책은 나오자마자 50만 부 이상이 팔려 화제가 되었어요. 그때 확실히 알았죠. 이분의 철학은 그저 보여 주려는 것이 아니라는 것을요."

마쓰시타가 사장으로 세웠던 야마시타는 무려 10년 동안 경영자로서 성공적으로 회사를 이끌었으며, 그 결과 오늘날까지 전문 경영인에게 회사를 맡기는 전통이 이어진다.

마쓰시타의 곁을 떠났던 처남 이우에 도시오는 1947년에 '산요 전기'*를 세웠다.

다카하시 아라타로는 청년 때 입사해 회장까지 지내며 평생을 마쓰시타 전기에 몸을 담았고,

고토 세이이치는 17살의 청년으로 입사해 계열사의 사장까지 지낸 뒤 퇴임했다.

마쓰시타 역사관은 1968년에 문을 열었는데, 지금까지 100만 명이 넘는 방문자가 찾아왔다.

오늘날 그곳에는 마쓰시타 고노스케의 삶과 회사의 발전 모습 그리고 그의 철학이 기록으로 남아 있다.

• 2008년, 미국 경제 전문 〈포춘(Fortune)〉 지 선정, 세계에서 가장 존경받는 기업 14위.

마쓰시타가 세상을 떠난 뒤에도, 그의 경영 방식은 일본을 대표하는 경영 기법으로 생각되며,

나라와 이웃을 위해 재산을 대부분 사회에 기부한 그의 따뜻한 마음은 일본 국민들에게 지금까지 기억된다.

마쓰시타가 세상을 떠난 그해, 마쓰시타 전기산업은 직원 수만 20만 명에 이르고, 전 세계 160개국에 판매점을 둔 글로벌 기업으로 성장했다. 마쓰시타가 큰돈을 기부하고도 남은 유산이 2,400억 엔 정도였는데, 이 금액의 97.5퍼센트가 마쓰시타 그룹의 주식인 점을 생각해 보면, 그는 남은 재산을 대부분 기부한 것으로 보인다. 참고로 4조 엔은 당시 우리나라 돈으로 약 28조 원에 이르며, 2,400억 엔은 약 1조 6,800억 원 정도이다 (환율 7배 기준).

마쓰시타 고노스케는 최근 일본 내의 설문 조사에서 지난 1,000년간 가장 위대한 경제인으로 뽑혔다.

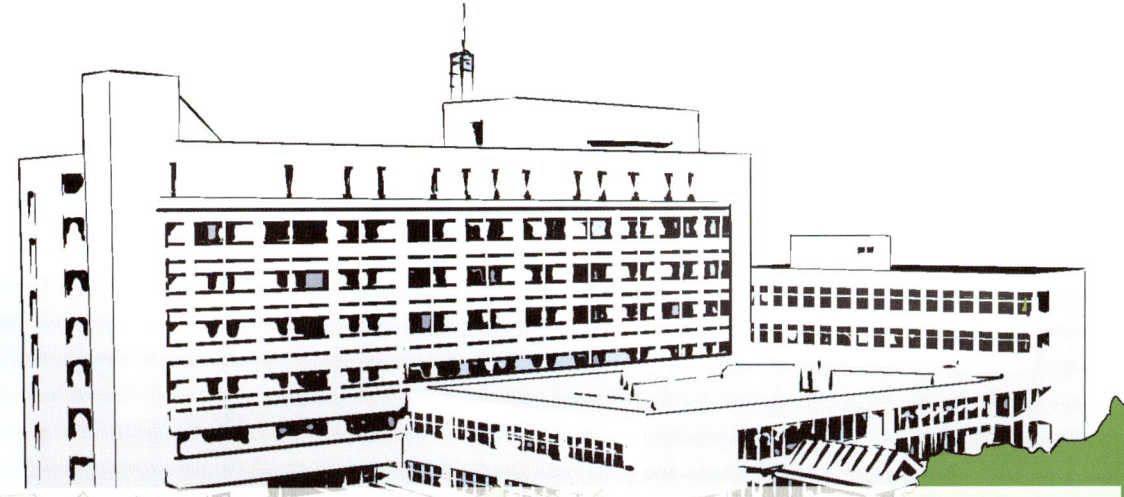

초등학교 중퇴가 학력의 전부였던 그가, 일본 경제 발전의 주역으로, 20세기 패전국 일본을 경제 대국으로 만들어 가면서 세계를 감동시킨 위대한 기업가가 되기까지에는 어떤 노력들이 숨어 있고, 어떤 교훈들을 마음에 담고 살았는지 궁금하지 않을 수 없다. 키는 163cm밖에 되지 않았으며, 체중도 61kg을 넘어 본 적이 없었고, 카리스마도 없고, 세련되지도 못하였으며, 국제적으로도 인지도조차 없었던 그런 평범한 사람이었기에 그의 일생은 더욱 궁금하다. 마쓰시타는 오늘날까지 후세의 기업인은 물론 국민들에게까지 존경을 잃지 않는다. 왜냐하면 그는 평생을 다른 이들의 삶의 질을 향상시키고자 많은 사람에게 동기를 부여하는 데 힘썼으며, 자신의 어마어마한 재산을 사회에 기부했던 아름다운 부자로 기억되기 때문이다.

마쓰시타가 제시한 새로운 모델

주 5일 근무제와 임금 5개년 계획 실시

마쓰시타는 1960년 1월, 경영 방침 발표회에서 회사와 국가 경제의 장래를 생각해, 1965년부터 일본에서 가장 먼저 주 5일제 근무를 도입하되, 임금은 6일제 회사와 같은 수준을 유지하겠다고 했어요. 또한 마쓰시타는 1967년에 "임금 5개년 계획"을 실시해 종업원의 임금을 대폭 인상한다는 방침을 발표했어요. 그 결과 1971년, 임금 5개년 계획이 시작된 지 4년이 지나자, 마쓰시타 전기의 종업원 임금은 당시 유럽에서 가장 높던 독일과 비슷했어요.

PHP 연구소를 통해 펼친 경영 철학

마쓰시타는 1973년 상담역으로 물러나 대부분 PHP 연구소에서 책을 쓰거나 기부 활동을 하면서 지냈어요. PHP란 일종의 '행복 추구 운동'으로, 1967년에는 연구 영역을 확대했고, 1968년에는 출판부를 설치해 간행물을 여러 권 펴냈어요. 인간 사회, 정책, 일상생활 등 다양한 영역에서 세미나도 열었어요. 마쓰시타는 살아 있는 동안 총 46권의 책을 썼고, 자선 활동은 개인 자산 2억 9,100만 달러, 회사 자금 9,900만 달러를 기부했어요.

학력과 서열을 무시한 파격적인 인사

1977년 1월 마쓰시타는 자신은 회장으로 물러나고 야마시타 도시히코 이사를 사장으로 임명한다고 발표했어요. 야마시타는 나이가 어린 데다 학력도 고졸이었지만, 1938년 열여덟 살에 마쓰시타 전기에 입사해, 1965년에 에어컨 사업부장까지 지냈어요. 야마시타는 사장 자리에 오른 뒤 노사가 다투지 않도록 능력을 발휘하는가 하면, 말레이시아에 에어컨 공장을 설립, 에어컨을 역수입하게 해서 일본 시장에서 에어컨 시장을 장악하는 데 크게 공헌했어요.

마쓰시타 정경숙을 통해 추구했던 이상

마쓰시타 정경숙은 1979년에 도쿄의 남서쪽 가나가와 현에 세워졌어요. 21세기 행정·정치 리더의 양성이 설립 목적으로, 대졸 학력자를 대상으로 본과 2년과 상급 정치 전공 3년의 교과 과정으로 짜여 있어요. 교육 방식은 강의실에서 배우는 데서 벗어나 연구 계획의 설정, 독학, 초빙 교수 강의, 토론 등이 중심이었어요. 마쓰시타는 장기적으로 교육에 투자해 훌륭한 정치가가 나오도록 해서, 정경숙 졸업생 중 다수가 국회의원이 되었어요.

"진정한 마음" 추구

마쓰시타는 27년간 PHP 연구소에서 활동하며 인간과 사회, 국가에 대한 자신의 생각을 기회가 있을 때마다 이야기하곤 했어요. 마쓰시타의 어록이 전해 오는데, 중심 단어는 "진정한 마음"이에요. 인간 내면의 아름다움, 인간성을 표현하는 문구로, 현실 세계를 똑바로 보자는 뜻이 담겨 있어요. 마쓰시타는 정부의 정책, 교육 제도 등 국가 경영 전반에 걸쳐 많은 정책을 제안했어요. 또한 자연과 환경에 대한 순응하는 인간의 모습, 순수하고 진정성 있는 인간의 모습을 추구하기도 했어요.

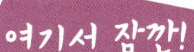 마쓰시타 고노스케가의 유산

마쓰시타는 1989년 4월 27일 세상을 떠났어요. 그와 함께 일본의 고도성장과 대량 생산·대량 소비 시대도 막을 내렸어요. 마쓰시타는 시련과 불운의 가족사, 대공황과 제2차 세계 대전의 혼란을 거쳐 당대에 세계적인 기업으로 키웠어요. 그 과정에서 뒤떨어진 경영 방식으로 비난받기도 했지만, 위대한 기업가였음에 틀림없어요. 주어진 환경에 순응하는 데 그치지 않고 용기와 신념으로 기업 경영과 인간 사회에 충실하려 했기 때문이지요.

되짚어 보고 생각해 보고

기억해 봅시다

1. 마쓰시타는 가난하고, 배움도 짧고, 몸도 약했지만, 그 모든 약점을 극복하고 세계적인 큰 기업을 만들었어요. 마쓰시타의 성공의 열쇠가 아닌 것은 무엇일까요?
   ① 성실함   ② 창의적인 생각   ③ 도전 정신   ④ 약삭빠름
   ⑤ 다른 사람과 함께 나누는 마음

2. 마쓰시타의 수많은 발명품은 일본 사람들의 생활 모습을 바꾼 것은 물론 일본 경제에 중요한 부분을 차지해요. 다음 중 마쓰시타가 개발한 발명품이 아닌 것은 무엇인가요?
   ① 2단 소켓   ② 오사카 전차   ③ 어태치먼트 플러그
   ④ 다양한 형태의 램프   ⑤ 2구용 삽입 플러그

3. 다음 중 마쓰시타에 대한 설명으로 옳지 않은 것은 어느 것인가요?
   ① 돈을 많이 모아서 펑펑 쓰고 싶어서 장사를 했어요.
   ② 다른 사람들에게 도움을 주려고 장사를 했어요.
   ③ 여러 사람에게 일자리를 마련해 주었어요.
   ④ 상법 책을 읽고 또 읽어 너덜너덜해질 정도였어요.
   ⑤ 새로운 사업이 시작되면 늘 그렇듯 일에 흠뻑 빠져들었어요.

4. 마쓰시타는 오늘날까지도 성공한 사업가, 존경받는 경영인으로 남았어요. 그 이유가 아닌 것을 고르세요.
   ① 보잘것없는 학력과 가난에도 기업가 정신에 충실했어요.
   ② 다양한 전기·전자 제품을 만들어 내어, 일본의 전기·전자 제품 생산의 역사가 되었어요.
   ③ 기업 발전보다는 가족을 중요시해 사위에게 기업을 물려주려고 했어요.
   ④ 불황이 닥쳤을 때 종업원을 가족처럼 생각해서 위기를 함께 극복하려고 노렸했어요.
   ⑤ 부를 축적하는 데 그치지 않고 함께 일하는 사람들이 행복한 환경을 만들려고 했어요.

정답 1. ④ 2. ② 3. ① 4. ③

생각해 봅시다

1. 마쓰시타는 자기가 못난 점이 무엇인지 알면 그걸 고치려고 열심히 노력했어요. 학교를 못 다녔으니까 공부를 열심히 하고, 남들이 무얼 불편해하는지 생각해서 그걸 고치려고 했답니다. 여러분은 약점을 극복하려고 어떤 노력을 하는지 들려주세요.

2. 마쓰시타는 아무리 어려운 일에 부닥쳐도, 스스로 결정을 내리면 망설이지 않고 확신을 갖고 실행에 옮겼어요. 그 결과 위기 극복 과정에서 위기관리 능력을 몸소 익혔어요. 여러분도 마쓰시타처럼 자신이 내린 결정을 실천에 옮긴 경험이 있으면 친구에게 들려주고 적어 보세요.

3. 마쓰시타는 수많은 발명품을 발명한 것은 물론 새로운 경영 방식 등 이전까지 사람들이 생각하지 못했던 수많은 생각에 도전했어요. 여러분은 마쓰시타의 도전 정신을 본받아 앞으로 무엇을 할지 생각해 보세요.

4. 마쓰시타는 함께 일하는 직원들이 행복한 회사를 만들려고 끊임없이 노력했어요. 또한 자신이 이룬 성과와 부를 사회와 국민을 위해 사용했어요. 여러분은 친구들이 즐겁고 행복하기를 바라는 마음에서 친구를 도와준 적이 있나요? 그 예를 들어 보세요.

마쓰시타 고노스케 연보

1855 2월 28일, 아버지 마사쿠스 출생.

1856 1월 9일, 어머니 도쿠에 출생.

1894 11월 27일, 마쓰시타 고노스케 출생. 그해 4월 청일 전쟁 발발.

1899 아버지의 쌀 투기로 와카야마 시내로 이사. 그해 일본 전기 설립.

1900 10월 4일, 작은 형 하치로 병으로 사망.

1901 4월, 와카야마 시 오노 심상 소학교에 입학.
4월 17일, 둘째 누나 후사에 병으로 사망.
8월 22일, 큰형 이사부로 병으로 사망.

1902 7월, 아버지 홀로 오사카로 이사, 오사카 맹아원에 재직.

1904 11월, 오노 심상 소학교 중퇴. 오사카 시 미야타 화로 상점에서 고용살이 시작.

1905 2월, 고다이 자전거 상점으로 일터를 옮김.

1906 4월 17일, 넷째 누나 하나 병으로 사망.
5월 28일, 셋째 누나 지요 병으로 사망.
9월 29일, 아버지 마사쿠스 병으로 사망.

1910 사쿠라 시멘트(주)에 임시 운반공으로 취직.
오사카 전등(주)에 내선 수습공으로 입사.

1913	오사카 시 간사이 상공학교 야간부 예과 입학. 8월 14일, 어머니 도쿠에 병으로 사망.
1914	오사카 시 간사이 상공학교 야간부 본과 중퇴.
1915	9월, 이우에 무메노와 결혼.
1917	오사카 전등(주) 퇴직. 오사카 히가시나리 군 이카이노에서 독립.
1918	3월, 마쓰시타 전기 기구 제작소를 엶.
1921	큰 누나 이와 병으로 사망. 4월, 장녀 사치코 출생.
1923	포탄형 전지식 자전거 램프 고안. 9월, 관동 대지진 발생. 대리점 제도 시작.
1925	제2공장 준공, 내셔널 브랜드 창안. 연합구회의원 당선.
1926	6월 9일, 장남 마쓰시타 고이치 출생.
1927	장남 마쓰시타 고이치 사망.
1929	"마쓰시타 전기 제작소"로 회사 이름 바꿈.
1932	5월 5일, 명지(命知) 원년, 제1회 창립 기념일 지정. "수도 철학" 발표.

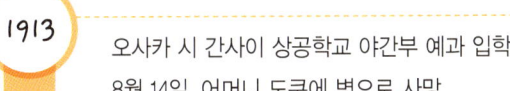

1933	5월, 사업부제 도입. 7월, 가도마로 본사 이전.
1934	일본 산업협회 총재 산업 공로자 표창. 점원 양성소 개교.
1936	오사카 지사 실업 공로자 표창. 공원 양성소 개교.
1938	전쟁 사망 종업원 고야산 위령탑 세움.
1940	마쓰시타 병원 세움.
1943	마쓰시타 조선 주식회사 세움. 마쓰시타 비행기 주식회사 세움.
1945	차남 마쓰시타 마사유키 출생.
1946	재벌 가족 지정. 공직 추방 지정. PHP 연구소 세움. 처남 이우에 도시오 퇴사.
1947	월간 잡지 〈PHP〉 펴냄.
1952	"신정치경제연구회" 세움. 필립스와 기술 제휴. "마쓰시타 전자공업" 세움.
1958	네덜란드 여왕에게 훈장 수상.
1959	"미국 마쓰시타 전기" 세움.

- **1960** 마쓰시타 전기 공학원 개교.

- **1962** 미국 〈타임〉 지에 마쓰시타 고노스케 특집 기사 실림.

- **1963** 타임 사 창립 40주년 축하 파티에 참석.

- **1964** 아타미 회담 개최.

- **1968** 브라질 문화 공로상 수상.
  마쓰시타 전기 역사관 개관.
  일본 발명 협회 회장 취임.

- **1969** 처남 이우에 도시오 병으로 사망.

- **1972** 《인간을 생각한다, 새로운 인간관의 제창》 발간.

- **1975** 《인간을 생각한다 제1권》 발간.

- **1979** 마쓰시타 정경숙 세움. 이사장으로 취임.

- **1983** 스페인 대십자상 수상.
  일본 재벌 순위 1위에 오름.

- **1989** 마쓰시타 병원에서 사망.

- **1993** 부인 무메노 97살로 사망.